高貴なる義務を果たせ

幸福の科学学園の未来創造教育

学校法人 幸福の科学学園　編

幸福の科学学園「希望の鐘」

幸福の科学グループ創始者 兼 総裁
幸福の科学学園　創立者

大川隆法

■東京大学法学部卒業。大手総合商社勤務を経て、
　1986年、人類幸福化のために「幸福の科学」創立。
■『太陽の法』を始め600冊を超える著書は、多くが
　ベストセラーとなり、教えは全世界に広がっている。

2010年入学オリエンテーション最終日、学園「希望の鐘」前にて。

「日本と世界を支え、発展させ、
導けるような人材をつくる」ということが、
幸福の科学学園の使命です。
それは宗教の一部を構成しているものだと
私は思います。少なくとも
幸福の科学の理念を支えている一部です。
「人材を養成する」ということは、
非常に大事なことなのです。

（『教育の法』第３章「宗教的教育の目指すもの」より）

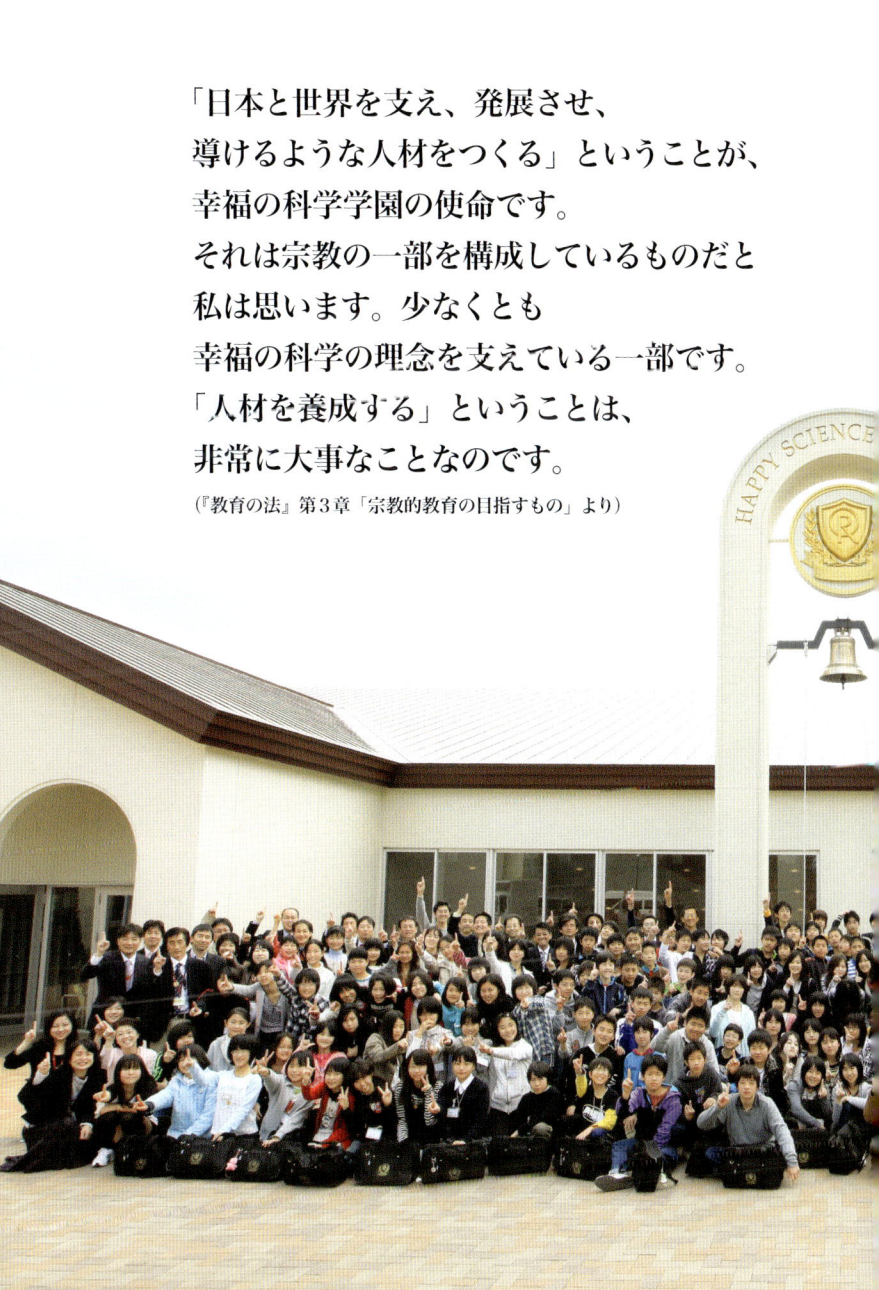

①

【施設等】①正門看板 ②正門から ③創立記念碑 ④ロータスガーデン（中庭） ⑤体育館棟 ⑥体育館アリーナ ⑦グラウンド ⑧25m加温式プール⑨中型シャトルバス「エンゼル号」（デザインは美術部）

③

②

④

⑤

⑥

⑦

⑧

⑨

⑩大川隆法記念講堂 ⑪講堂内 ⑫校舎棟エントランスロビー ⑬カフェテリア ⑭図書室 ⑮PC・CALL 教室 ⑯家庭科室 ⑰音楽室 ⑱美術・技術室 ⑲理科講義室

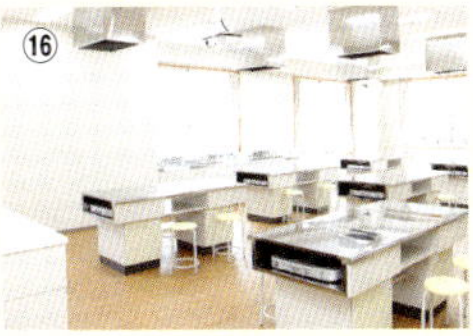

授業

①

②

【 授業 】①理科・実験 ②国語 ③英語 ④数学 ⑤探究創造科・講義（高1）⑥探究創造科・ディスカッション（中1）

④

③

⑤

⑥

寮生活

⑦

⑧

⑨

⑩

⑪

⑫

⑬

⑭
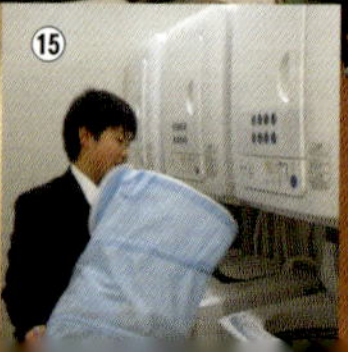
⑮

【 寮生活 】⑦男子寮・自由時間 ⑧寮部屋での自習 ⑨図書室での自習 ⑩女子寮・自由時間 ⑪女子寮・廊下 ⑫講堂・夜の祈り ⑬カフェテリア・夕食 ⑭トイレ作務（掃除）⑮洗濯室にて

部活動

【部活動】⑯チアダンス部（強化部）⑰吹奏楽部（強化部）⑱テニス部（強化部）⑲バスケットボール部 ⑳剣道部 ㉑バドミントン部

年間行事

【体育祭】㉒団対抗リレー ㉓騎馬戦 ㉔喜び合う生徒 ㉕応援合戦・赤団 【大鷲祭】㉖美術部・ガムテープアート ㉗美術部・作品展示 ㉘仏法真理劇「シンデレラ」㉙ダンスパフォーマンス 【合唱コンクール】㉚中1生徒による合唱

那須本校の概要

名　　称	幸福の科学学園中学校・高等学校
生徒定員	480名（男女共学・全寮制） 中学1学年：　60名（2クラス）×3学年　計180名 高校1学年：100名（3クラス）×3学年　計300名
所　　在	〒329-3434　栃木県那須郡那須町梁瀬487-1 JR那須塩原駅よりシャトルバスで約30分 TEL 0287(75)7777　FAX 0287(75)7779 HP：www.happy-science.ac.jp/ e-mail：info-js@happy-science.ac.jp
校地面積	約105,000㎡（約3万坪）
主な施設	大川隆法記念講堂（最大650席）、 校舎棟（地上3階）、男子寮棟・女子寮棟（各3階）、 食堂棟（地上3階）、体育館等（地上2階）、グラウンドほか
設置認可	2009年12月
開　　校	2010年4月

まえがき

幸福の科学学園中学校・高等学校（那須本校）は、栃木県那須町、ＪＲ那須塩原駅から車で約30分のところにある、男女共学の全寮制の学校です。幸福の科学グループとしても、初の学校であり、約30万坪ある幸福の科学の総本山・那須精舎の境内地に隣接し、大自然に囲まれ、那須連山・日光連山が見渡せる絶景の場所にあります。

大川隆法・幸福の科学グループ創始者兼総裁の著書『教育の法』には、大川総裁の学園創立者としての心が説かれております。

本書は、同書を受け、「幸福の科学学園の教育とは、具体的にどのようなものなのか」という疑問に答えるために執筆されました。

開校してまだ1年にも満たない学校ではありますが、生徒たちの向上には目を見張るものがあります。事実をもとに、正直に学園の現状について書いてみました。幸福の科学学園の教育に対する情熱と、目指している理想が伝われば幸いです。

２０１１年2月7日

学校法人　幸福の科学学園
理事長　泉聡彦《としひこ》

目次

第5章　地球の未来は僕らが創る　183

第７章　挑戦し続ける幸福の科学学園 257
幸福の科学学園中学校・高等学校　喜島克明校長インタビュー

第2章　徳ある英才を創る宗教教育　77

序章

幸福の科学学園のいま

——ある生徒の魂の成長の軌跡

初の「大鷲祭《おおわしさい》」実行委員長として

2010年9月18日。栃木県・那須にある幸福の科学学園中学校・高等学校の文化祭は、ある女子生徒の宣言で幕を開けた。

「――本日はお忙しいところ『大鷲祭』にお越しくださり、誠にありがとうございます。この『大鷲祭』は、本当に何もないところから始まりました。〝文化祭〟というものを経験したことのない人も多く、私自身もその中の一人でした。『何を手本に、何を最終地点として、何をゴールとして向かっていけばいいのか?』――初めは分からないままで、私も皆さんも不安だったと思います。

でも、この文化祭の理念、『様々な人、様々な自分と出会い、新価値を模索・創造し、更なる高みへ発展していく』という理念のもと、みんなが協力し合い、今日まで助け合ってくることができました。(中略)

幸福の科学学園の文化祭・『大鷲祭』が他の学校の文化祭と違う最大の点は、私たち生徒が信仰心を持ち、その信仰心を土台として、創造性を発揮するというところにあると思います。

その創造性の原点にあるものは、他の人への『感謝』であり、そして私たちが『大鷲祭』

に込めた『情熱』です。

今日も明日もたくさんの方が来られます。その方たちに、私たちが大鷲祭に込めた情熱を、肌身で感じていただけるように、精一杯頑張っていきたいと思います。

私たちは1期生です。『今まで』というものはありません。『過去』というものに甘えることはできません。それだけの責任と情熱を持って、これからともにつくり上げていきましょう。私たちの、この『大鷲祭』を、皆様どうぞお楽しみください――」


この日と翌19日の両日、幸福の科学学園での初めての文化祭・「大鷲祭」が開催された。舞台・展示の2部門に分かれ、各クラス、部活動、有志たちによる創造性あふれる発表に、来校した保護者や地元・那須の方々からは多大な拍手と称賛の声が寄せられた。開校して5カ月、何もかもが初めてのことばかりの中でこの大鷲祭を成功させたのは、幸福の科学学園第1期生の高校1年生・中学1年生たちである。

中でも、中心となってこの大鷲祭を大成功に向けて大きく引っ張ってきたのが、開会のあいさつを行った、文化祭実行委員長の前川真弥《まや》さん（高校1年2組）だ。

前川さんは、学園に入学して以来、1学期の女子寮長、そしてこの最初の文化祭・大鷲祭実行委員長を務めるなど、リーダーとして積極的に学園創りに参加した。しかも学業にも熱心に取り組み、2学期末には、学業成績が前学期に比べて最も向上した生徒に与えられる賞である「大川賞向上賞」を受賞した。

そんな彼女であるが、幸福の科学学園に来る以前の中学校時代は、1年半もの間、不登校の中、苦しみの毎日を送っていた。その背景には、全国の学校でいまだに収まる気配を見せない、「いじめ」という学校の病理があった――。

いじめ、親友の裏切り、そして不登校

前川真弥さんは埼玉県出身。公立の小・中学校に通い、小学校時代から陸上部に所属、短距離や投擲《とうてき》に活躍していた。部活の終了後は、決まって仲の良い友人たちと学校にほど近い自宅に集まり、おしゃべりをして過ごすなど、ごく普通の中学生だった。

今から2年前、前川さんが中学2年生のある日のことだった。クラスのリーダー的存在だったある女子が、中高生の間で流行《はや》っているプロフ（ケータイでつくる自己紹介サイト）に、こんなことを書き込んだのだ。

「最近、隣のクラスでいじめやってるんだってさ。うちのクラスでも本格的に始めない？」

次の日、以前から少し嫌われていたある女子が、さっそくいじめのターゲットとなった。休み時間に、友達同士で「今日からあいつをシカト（無視）しよう！」という伝言が回っ

てくる。あっという間にクラスみんなが「あいつシカトだ」と言い始め、その子に対するいじめが始まった。

シカトから始まり、すれ違いざまに気軽に「死ね」と言ったり、机をどこかに隠したり、椅子が壊されたりした。男子も女子も、一緒になってのいじめだった。

前川さんは、「シカトしよう」という伝言が回ってきた時、咄嗟《とっさ》に「なに言ってるの。バカじゃないの！」と言った。いじめは、おかしい。人として汚い――そう思っていたからだ。

前川さんの両親は、以前から幸福の科学の会員だった。彼女自身はその頃、幸福の科学の本を一生懸命読んでいたわけではなかったが、母親から「人として汚いことはしてはいけない」と教えられていたし、神様や天使、悪霊の存在を信じていた。理由が何であれ、いじめをするのは「絶対に間違っている」と思った。

そして、同じ陸上部でとても仲の良かった親友とともに、いじめをやめさせようと、いじめられていた子と一緒にいるようにした。

しばらくすると、ターゲットは別の生徒に移った。

前川さんは担任の女性の先生に相談した。「クラスでいじめが起きてて、今まではこの子、今度はあの子とターゲットが替わっています。先生、どうにかしてください」と。

しかし担任は、何を言っても具体的には動こうとしなかった。

前川さんは学校でのいじめについて、母・恵美さんにも相談していた。母はＰＴＡの本部役員をしていたこともあり、「いじめについて、保護者同士で話し合いたい」と提案したが、学校側からは「いじめについての確かな証拠がないので、学校内でそういう話し合いは困る」と言われ、暗礁に乗り上げた。

そうこうするうちに、再度ターゲットが替わり、別の子がひどいいじめにあうようになった。その頃から、ついに前川さんに対するいじめも始まった。以前から、陰では「前川ウザイ」とは言われていたが、本格的にシカトされたり悪口を言われるようになった。

最初はプロフでの名指しの悪口だった。クラスのみんなもよく見る場所だった。

悪口はエスカレート。ある朝、学校に行くと、女子たちが集まって話をしていた。しばらくその様子を見ていると、一人の女子が笑いながら寄ってきて言った。「お前をどうやって殺そうかって、今みんなで話し合ってたんだ」

最初は悪ふざけがエスカレートしたものだと思った。言ってきた女子は、中１の頃からよく話していた仲の良い子だった。

ある男子からは、「お前を精神的に潰《つぶ》してやる！」と言われたこともあった。

霊的に敏感だった前川さんにとって、クラスでいじめが本格的になってからというもの、とにかく毎日、体が重かった。いじめをする生徒の近くにいると、痛くて、「刺す」ように念が集まってきたという。

それでも前川さんは強気だった。というのも、仲の良い親友がそばにいたからだ。同じクラス、同じ陸上部でスポーツもよくできる、リーダータイプの女子だった。

その心の支えが、ある時、崩れた。

その彼女が、ある日から急に、前川さんに話しかけてこなくなった。こちらから話しかけても聞こえていないふりをして、避けていく。シカトだった。

彼女が前川さんから離れていくと、今まで前川さんが何度も庇《かば》っていた、いじめられていた子たちも、前川さんをシカトし始めた。クラスだけではない。部活のメンバーたちも、前川さんに冷たくするようになっていった。

最初は、部活の仲間がなんとか助けてくれるのではないかという、淡い期待もあった。ところが部活の子たちからは「それはあなたたちの問題だから」「もしかしたら前川さんのほうが悪いんじゃないの?」と、突き放されてしまった。仲が良かった部活のある友達からも、「真弥はもう、誰にも必要とされない存在だよね。私たちも必要ないし」と言われてしまった。

クラスでも、部活でも、前川さんの居場所はなくなった。

その年の11月下旬。3連休を利用して、前川さんは家族と一緒に、幸福の科学の総本山・精舎巡《しょうじゃめぐ》りに出かけていた。そのうちの一つ、総本山・那須精舎で宿泊していた時に、それは起こった。件《くだん》のその親友が、クラスの友人と一緒になって前川さんの悪口をプロフに書き込んでいるのを、ついに、見てしまったのだ。

「あいつなんか、友達なんて思ったことない」——ショックだった。

母はその内容を印刷して、週明けの学校が始まった時に、いじめの証拠として学校に持っていった。

そしてその日から、前川さんは学校に行くのをやめた。

後日、学校の先生が彼女たちに問い質《ただ》したところ、自分たちがその書き込みをしたと認めた。しかし彼女たちは、「前川さんが悪いんです」と言い張ったという。

結局この件について、最後まで謝罪はなかった。

人生の底で見つけた一条の光

しかし、一つの扉が閉まった時、また別の扉が前川さんの前に開かれた。那須精舎に宿泊し、プロフに書かれた悪口を見つけたその日、ちょうど母から「幸福の科学学園」開校のことをいろいろと聞いたのだ。それまで、幸福の科学学園に行こうと思ったことはなかったのだが、「学園が開校するこの那須の地に来たこともあり、幸福の科学の教えに基づいた理想の学園に行きたい」と思うようになった。

学校に行かず、不登校という選択をすることとなった前川さんは、幸福の科学の信仰教育機関である仏法真理塾「サクセスNo.1（東京本校）」（東京・品川区）に通い、勉強を続けることにした。「サクセスNo.1」の自習室を使って。

初日にやってみた英語と数学のテストは惨憺《さんたん》たる結果だった。自分で中1の勉強からやり直しをすることにした。

同時にその日から、前川さんには友達がもう一人もいなくなった。「サクセスNo.1」には毎日通ったが、サクセス生も昼間は皆それぞれ学校へ行っている。前川さんは昼間から、独り自習室で勉強する時間が続いた。

正直、学校に行かなくなったら、誰かが「学校においでよ」と心配して言ってくれるものだと思っていた。けれど、級友の誰からも、連絡はこなかった。いじめから庇っていた子からも、何も連絡はなかった。

せめて部活の友達が、何か言ってくれるのではないかと思っていた。でも誰も、連絡してくれなかった。家に来ることも、電話が来ることも、メールが来ることも、なかった。

——結局自分って、みんなにとって、いてもいなくても変わらない存在だったんだろうな。自分がいなくなっても悲しむ人もいない。私を必要としてくれる人がいない。いったい、私は何のために生きているのか。死んだほうがマシじゃないか――勉強にも身が入らず、そんなことばかり考える日々だった。

頭痛と不眠に悩まされる日々だったが、「サクセスNo.1」に通う電車の中で、前川さんは幸福の科学の書籍を読むようになった。ある夜、自宅にあった『不動心』（大川隆法総裁著）を読んだ。

――苦悩の原因は、自分の幸・不幸を、自分の外に求めようとしているところにある――

――失意のときに失意の底にうち沈まず、常にたんたんと努力する姿勢を、仏神は人間に要求している――

――眠れぬ夜には、自分を磨くことが大切――

一つ一つの言葉が、まるで今の自分のために言われている――。長い間探していた言葉を見つけ、前川さんは一晩中、泣きながら読み通した。

今まで、自分をシカトした親友や学校の友人、自分を助けてくれなかった先生のことが信じられなかった。家族や「サクセスNo.1」の講師たちに対しても、「結局、私のことなんか分かってくれていないんだ」と思っていた。

それが、『不動心』を読んだ時、初めて「この言葉は嘘じゃない」と思えた。自分が知りたかった、人生を生きる本当の意味が、今まで見つからなかった答えが、全部この本には書かれていた。

それからというもの、暇さえあれば幸福の科学の真理の書籍を真剣に読むようになった。

そのうち、前川さんの心の中で何かが変化していった。

それまで彼女は、親友に裏切られ、みんなからいじめられたという被害者意識から、「生きている意味なんかない。自分はなぜ生まれてきたんだろうか」と悩んでいた。

しかし、「霊的人生観」への目覚めがその悩みの方向性を変えてしまった。「仏から与えられた人生で、自分にはどういう使命があって、何をするために生きればいいのか」を考えるようになったからだ。「死にたい」などと思っていたけれど、それを知らないと死ねないのではないかと思った。

自然と、勉強にも身が入り始めた。毎日「サクセスNo.1」に通い、自分でテキストを読み、問題をがむしゃらに解いていった。分からないところは学生講師に聞き、復習した。勉強に打ち込み始めると、不思議なことに「自分はもっと精進《しょうじん》しなければいけない」という気持ちが湧《わ》いてきた。それは、不登校でも自分を支えてくれる両親、家族、「サクセスNo.1」の講師たち、そして何よりも自分は大川隆法総裁先生、主エル・カンターレに愛されているという実感と感謝の気持ちからだった。「ここで努力しないと、多くの人に申しわけない」

という気持ちがふつふつと湧いてきた。

新たな「夢」も見つかった。書店でワタミ会長である渡邉美樹氏の『14歳からの商い』(ゴマブックス刊)を手に取り、その生き方に感動したのだ。渡邉氏は若い時から『聖書』や『論語』の影響を強く受けながら事業を成功させた人で、尊敬する人はマザー・テレサだという。

前川さんも以前から、マザー・テレサのように神の教えを伝えながら、貧困の解決に向けて貢献できる生き方に憧《あこが》れていた。渡邉氏もまた外食産業での成功のかたわら、カンボジアに学校を建てるなど社会貢献に活躍している。渡邉氏を人生のモデルにし、将来は世界の経済的な貧困と精神的な貧困の両方を解決できる企業家になりたいという志を立てた。

家族とも話し合い、受験先は幸福の科学学園一本とすることにした。もし今年、幸福の科学学園に不合格となったら、1年勉強して来年また受け直す、不退転の覚悟を固めた。

不登校となり、「サクセスNo.1」で勉強を始めてちょうど1年後。前川さんは「サクセスNo.1」から幸福の科学学園への推薦を受け、2010年1月12日、無事、幸福の科学学園高等学校に合格した。

生まれて初めての立候補

晴れて幸福の科学学園生となった前川さんだが、そこには不安と期待が入り交じっていた。1年半近く続いた不登校の間は、勉強の時間も内容もほぼ自由に自分で決めていたのだが、もう一度「学校」という、時間が決められた集団生活の中で自分がやっていけるのだろうかという不安。と同時に、主の創られた幸福の科学学園である。とてつもない期待もあった。

2010年4月、前川さんは那須の地を踏みしめた。全国から集った新しい仲間とともに、幸福の科学学園での生活が始まった。

幸福の科学学園の特色の一つは、充実した寮での教育だ。英国のパブリック・スクール、米国のボーディング・スクールに範《はん》を取り、全寮制での自由と規律の生活を通して、「ノーブレス・オブリージ（高貴なる義務）」の精神を身につけていく。男子寮・女子寮それぞれには、ハウスマスターと呼ばれる寮監長と寮母、兄姉がわりのハウスペアレントが学園生の生活をサポートする。

4月下旬。この寮の生徒代表として、第1期の寮長選挙に前川さんは立候補した。とはいえ、最初から寮長になりたいと考えていたわけではなかった。小・中学校時代は、学級委員も生徒会もやったことはない。何かに立候補したのは、これが生まれて初めての経験だった。

「『サクセスNo.1』に通っている時、『私は将来、企業家になりたい』という志を見つけました。そのためには、まず自分が変わらなきゃいけないって思ったんです。主の創られた学校で、1期生として伝統を創っていく、それだけの責任があると思ったんです」

第1期女子寮長に立候補するにあたって、

前川真弥さん

前川さんは次のようなスピーチを行った。

「私は学園に入学した時、『責任と情熱』という言葉を、心に深く刻み込みました。学園生になったということは、これからの世界の人々の幸福への責任が私たちにはあるということであり、そのためには常に高い志を掲げ、夢への情熱を失ってはならないということを強く強く感じたからです。

その『責任と情熱』という言葉の決意を、行動として示していくために、私は立候補しました。理想とするのは、全生徒が学園生としての責任と夢への情熱を持ち、お互い家族のように助け合える寮です。何の経験もない私ですが、主が情熱をかけて創られたこの学校の発展に貢献したいという熱い思いだけは、常に私の中にあります。皆さんと一緒に、夢あふれる楽しい寮をつくっていきたいと思います――」

幸福の科学グループとしても、学校を運営するのは、この学園が初めてである。寮の運営の立ち上げは、寮監長やハウスペアレントたちにとっても、すべてが初めての体験だった。生活面でのルール作り、寮行事の運営など、教職員、生徒とともに、手探りの中での〝寮創り〟が始まった。

初期の寮では、ルールが守られない、という問題が起きたこともあった。前川さんは、女子寮と男子寮全体の集会で、生徒たちみんなに話をした。

「何か規則をつくって、罰するというだけでは、人の心は動きません。大事なのは、『こういう寮、学園にしよう』という理想をみんなが真剣に抱《いだ》くことだと思います。こういうふうになろうと理想を持った時に、絶対にそうした恥ずかしいことはできなくなります。規則よりも理想が大事だと思うんです。

それに、私は学園のみんなが大好きだから、みんなと一緒に仏の宝になりたいと思います。誰も一人として欠けることなく、学園生としての誇りを持って仏の宝となっていきましょう」

情熱を込めて話をする前川さんに対し、最初は「あの人、自分だけ熱くなってる」と言われることもあった。冷めていた人もいた。理想を伝えること、人を動かすことの難しさを知った。

しかし、前川さんの話に反応してくれる身近な友人から、そうした寮の理想を語り合ううちに、次第に共感する人たちが増えてきた。「本気でやろうとしているんだね」と言ってくれる人も増えてきた。

実際、寮長をしていた1学期には、寮内の女子生徒たちからのいろいろな悩み相談が殺到した。中学時代いじめに立ち向かい、また、不登校の期間に真剣に自分と向き合ってきた前川さんは、人間関係の悩みを聞いてもらいたいという友人の話に、夜遅くまでつき合う日が続いた。

「はじめまして、新しい自分」で始まった「大鷲祭」

そして6月。前川さんは、文化祭の実行委員長にも立候補した。将来、企業家になるという夢に向けて、理想の学園創りに情熱を傾けていた彼女にとって、幸福の科学学園初の文化祭に挑戦することは、とてもやりがいのある仕事だった。

とはいえ彼ら1期生には、経験のある上級生はいない。「文化祭とはそもそもこういうもので、このように準備をして運営する」ということを分かっている人はいなかった。前川さん自身も、兄が通っていた私立高校の文化祭を見学したことがあるだけで、中学時代も文化祭の運営などしたことがなかった。皆、手探りの中でのスタートだった。

文化祭実行委員長としてまず取り組んだことは、文化祭の理念とキャッチコピーを決めること、そして何よりも幸福の科学学園の文化祭の名称を決めることだった。

まず決めたのは「理念」。コンセプト・メイキングから始めた。生徒会のメンバーと議論し合い、今回の文化祭の理念を「様々な人、様々な自分と出会い、新価値を模索・創造し、更なる高みへ発展していく」という文言にまとめ上げた。

幸福の科学学園の文化祭を通して、保護者や信者の方だけでなく、初めて幸福の科学に触れる方もいる。そうしたさまざまな人との出会いを通じて、たくさんの人に楽しんでもらおうと努力する中に、「新しい自分」と出会っていく――。そして何より、この文化祭を通して、幸福の科学の素晴らしさや大きな価値、そして未来への可能性を訴求していきたいという意味を込めたコンセプトだった。

そしてこの理念に基づいて採用されたのが、「はじめまして、新しい自分」というコピー。生徒たちが議論してつくり上げた理念やコピーは、博報堂でCMプランナーとして活躍していた喜島《きじま》克明校長を唸《うな》らせるほどの出来栄えだった。

そして、文化祭の名称。これも生徒会のメンバーたちと一緒に話し合い、また生徒たちからもアンケートをとった。いろいろな名称案が出されたが、先生方からの提案の中にある、「大鷲祭」が最終的に採用された。この文化祭は、大川隆法総裁作詞・作曲による校歌「未来をこの手に」の中にある「今は飛べない雛だけど／いつかはきっと鷲になる」の一節の通り、〝未来の大鷲〟を目指す学園生たちの、創造性の発表の場であることを端的に表したのだ。

大鷲祭は、大きく二つの部門で成り立っている。教室での「展示部門」と、講堂で行われる「舞台部門」だ。いずれも各クラスが中心となって発表するもののほか、文化部有志や探究創造科ゼミの発表、自主発表劇その他が企画された。

前川さんは、文化祭実行委員長として、学園全体の飾りつけや来訪者の動線など、文化祭全体の運営に責任を持つほか、高校1年2組、自分のクラスの出し物を企画する代表者としても活躍した。

「私のクラスでも何をやりたいか、みんなで話し合いました。私は『仏法真理劇をしよう』と言っていたのですけど、『お化け屋敷をしたい』『たこ焼きを売ろう』とか、そうした意見も根強くありました。確かに、食べ物を売るのも楽しいだろうなとは思ったんですが、やっぱり幸福の科学学園として新しい価値を創造すること、他のどの学校でもやっていないものをしたいねということになりました。そこで、みんなで話し合って、『仏法真理劇をやりましょう』ということに決まったんです」

劇の内容は、ある生徒の提案で、「シンデレラ」に決まった。

前川さんは脚本作りに名乗りを上げた。しかし、彼女自身も劇の脚本作りは初めて。クラス会議でも、とりあえずシンデレラをやろうということが決まっただけだった。前川さんは数人の友人たちと、脚本作りに取り組んだ。

仏法真理劇という観点から「シンデレラ」のストーリーを見た時に、「各人をいつも見守ってくれている守護霊」という存在に触れなければいけないな、ということになった。そこで、「じゃあ、その守護霊を主役にして作ったら面白いんじゃないか」というアイデアが生まれた。

誰もが知っている「シンデレラ」の物語をベースとしながらも、人生とは「一冊の問題集」であり、その苦難・困難を乗り越えるところに人生の目的と使命がある、という霊的人生観を訴えたストーリーができ上がった。そこには、女装した男子がシンデレラ役をするといった、高校生らしいパロディ要素も上手に取り入れた。

小道具や大道具は、美術部で制作が得意な生徒が一生懸命作ってくれた。衣装も全部、生徒による手作りだ。学園では夜も自習時間が決められているので、文化祭の準備だからといってそんなに長い時間が割《さ》けるわけではない。それでも毎日、みんなで家庭科室に集まって作り上げた。

ついに大鷲祭当日。前川さんは文化祭実行委員長として、冒頭に掲げた「開会のあいさつ」の中で、来場者に大鷲祭に込めた生徒たちの気持ちを訴えた。

そして2日目、高校1年2組の劇がいよいよ始まるという時、最後の確認をしていた前川さんのもとに、思いがけないニュースが舞い込んだ。

「大川隆法先生が来られてるって」――。踊りだしたくなる心を抑えながら、1年2組のメンバーたちは緊張の面持ちの中、劇中20分間、役を演じきった。

大川隆法総裁が会場に到着されたのは、ちょうどこのシンデレラ劇が始まる時だった。「高校一年、二年と続いて、文化祭には劇の主役として登場しました」と『太陽の法』で説かれているように、高校時代に劇の主役をされた総裁も、この劇をごらんになって大変お喜びになった。

終了と同時に拍手喝采、みんな「自分のやるべきことをやりきった」という充実感で、劇は大成功だった。前川さんも「やりきった」という思いと同時に、この劇であれば、初めて幸福の科学に接した方でも、霊的人生観の意味が伝えられたのではないかと手ごたえを感じていた。

そして大鷲祭の最後の表彰式。高校1年2組の仏法真理劇「シンデレラ」は、来場者による投票により、舞台部門で最も好印象を与えたクラスに与えられる「HSアカデミー賞」、最も創造性の高い団体に与えられる「創造賞（舞台）」の二つの賞を受賞した。そしてさらに、高校1年2組は舞台発表と出店部門の両方を合わせたクラス発表の総合賞である「大鷲賞」も受賞した。三冠王の快挙だった。

「大鷲賞」の発表の瞬間。高校1年2組の間に歓声がとどろいた。全員が互いに「ありがとう！」「このクラスで良かったね」と言い合う姿に、前川さんは感動を抑え切れなかった。実行委員長として大鷲祭全体を成功させた充実感とともに、この大鷲祭を通してクラスの仲間がかけがえのないものとして絆《きずな》を深められたことに、心からの感謝を捧げた。

生徒一人ひとりを伸ばす仏法真理の力

女子寮長と文化祭実行委員長を務めあげた二つの成功体験は、秋以降、日頃の勉強の姿勢の変化となって表れていく。

「私はもともと、そんなに勉強ができていたわけでも、勉強をバリバリやるタイプでもなかったんです。そこには、『勉強だけできればいいという人間になりたくない』という気持ちがありました。でもそれって、勉強に励んでいる人に対してバカにしているんじゃないかっていうことに気づいたんです。それが勉強をしない言い訳になっていました。そうじゃないんだと。自分はこのまま勉強がいいかげんだったら、何も残せない人間になると思いました。その時に『信仰即学問、学問即信仰』という言葉が浮かんだんです。

大川隆法先生も『信仰心はあるが精進はしていないということは、ありえない』ということをおっしゃっていたと思います。主を信じているのに、勉強に打ち込んでいないということはありえないと思いました」

授業が終わってから夕食前までの2時間、夕食後の「聖黙《しょうもく》学習時間」を含めて3時間、計一日5時間はまとまって勉強する習慣がついてきた。それだけではない。こま切れ時間を英語の音読や世界史の暗記などにあて、寸暇を惜しんで勉強するようになったのだ。

周囲から見ても、カフェテリアで分からないところを先生方に質問しながら勉強に打ち込んでいる前川さんの姿が目についた。精進のかいあって、この2学期、成績は急上昇。「大川賞向上賞」という、その学期で最も学業成績が向上した生徒に与えられる賞を受賞した。

喜島克明校長は言う。「入学当初から前川さんは、とても大人っぽい雰囲気を持っていました。それは、見えないところで苦難や困難を乗り越えてきた生徒特有の独特の光です。大川隆法総裁の書籍をしっかりと読み込んでおり、とても内部空間の広い生徒だと感心しています。今後の伸び方に大いに期待したいですね」

前川さんは幸福の科学学園での時間をこう振り返る。「幸福の科学学園だったからこそ、私は寮長や文化祭実行委員長になって、こんなに自分の情熱を燃やすことができたと思います。自分のように、理想をそのまま言うような人は、ほかの学校だったら潰されていたのではないかと思うんです。学園の仲間たちは、私を斜に構えた態度でりなそうとせず、もり立ててくれましたし、違う意見を持っている人でも真剣に私に接してくれました。学園じゃない学校に行っていたら、こんなふうに自分が成長できなかったと思います」

それでは、幸福の科学学園と他の進学校と、いったいどこが違うのだろうか。彼女によると、それは学園生は皆、幸福の科学の仏法真理に基づいて物事を考えることができることにあるという。「私が私らしくいられるということでしょうか。中学までは、人と意見を合わせなければいけなかったことも多かったと思います。理想的なことを言ったり、いじめはいけないんじゃないかということを言っても、理解してもらえず、話ができないこともけっこうありました。信仰心に基づいて『私はこう思う』ということを、ここまではっきり言えるのは、普通の公立校では無理ですよね。『あの人、頭おかしいんじゃないの？』みたいなことを言われてしまいますから」

そして、さらに言うならば、幸福の科学学園には他の日本社会ではなかなか見ることができない「祝福のカルチャー」が漲《みなぎ》っている。勉強のできる生徒、スポーツのできる生徒、リーダーシップのある生徒、そのほか一芸に秀でた生徒、そうした人を応援し、祝福し、ともに伸びていこうとする。だからこそ、それぞれの生徒が持って生まれた才能を思う存分安心して開花することができる――そんな文化がこの学校には育っている。

もちろん、幸福の科学学園の中にも、中学生や高校生という人間の集団である以上、人との差で悩んだり、嫉妬心に苦しむ生徒もいる。しかし、そういう生徒であっても、「嫉妬に苦しんでいる自分が嫌なので、そんな自分を自己変革したい」という気持ちで、教師陣や友人に相談し、自分を変えようと努力していく。

この学園には、優れた人を祝福することが当たり前であり、嫉妬は恥ずかしいことだと気づかせてくれる〝磁場〟ができている。それをつくっているのが、みんなで素晴らしい人を祝福し合うということを開校以来実践してきた、教職員と生徒たちの努力である。

着実に成長する〝未来の大鷲〟たち

前川さんは、この冬休みを利用して、山口県・萩の地を訪れた。明治維新の志士たちを輩出した吉田松陰の松下村塾《しょうかそんじゅく》跡に行き、松陰の志に肌で触れようと思ったのだ。松下村塾の凜《りん》とした空気に触れて、この松下村塾以上の規模で世界や地球の未来を拓《ひら》いていく学園の生徒たちの使命を考えた時に、「まだまだ今のままではダメだ。理想の学園創りに向けてもっと積極的に活動していきたい」と感じたという。

この冬4カ月ぶりに自宅に帰省し、心身ともに成長した娘の姿を見て、改めて幸福の科学学園の教育の素晴らしさ実感した母・恵美さんから、次のような感謝の手紙が学園に寄せられた。

「――既にお聞きおよびの通り、娘は中学校に1年半もの間、通っておりませんでした。『このクラスは生ぬるいから、本格的にいじめを始めよう！』と、あるお子さんをターゲットにいじめをすることを呼びかけたクラスのリーダー格の子たちと、その周辺の子たちを含めて、みんなに『そんなバカなことは、やめよう』と呼びかけたことで、逆に今度は娘のほうがいじめの標的となってしまいました。

『前川を殺そう』とか『前川を潰そう』とか、そうしたおよそ学校とは言えない状況が続き、恐れている中を、初めは親友だと信じていた子からも裏切られ、絶望の中で不登校の道を選びました。

『不登校』という道を選ぶ直前には、学校に行っても、『生きて家に帰れますように』ということしか考えられなかったと言っておりました。

全身にコールタールを浴びたような感覚で、『苦しくて息ができない』と言って帰宅するなり、寝込んでしまうような状況でした。

幸福の科学学園に入学するまでの娘は、お世辞にも楽しい学校生活なんて送っていませんでしたし、安心して勉強のできる環境にもありませんでした。

　長い間厳しい状況の中で、本当に不十分な勉強しかしていなかった娘が、幸福の科学学園に入学し、わずか9カ月で『大川賞向上賞』をいただけるまで成長できたのは、学園の先生方の並々ならぬご支援のおかげであると、心より心より感謝しております。

　娘は霊的に敏感なだけに、弱かったり、脆《もろ》かったりする分、悩みや苦しみもあるようですが、信仰心の篤《あつ》い方々に支えていただける喜びに勝るものはありません。どんな悩み・苦しみの時にも、仏の願われる方向を、指し示していただけますことに、親子ともども感謝し、安心しております。

　そして忘れてはならないのは、素晴らしいお友達の皆さんのおかげでもあります。仲良しのお友達がたくさんできたこと。みんな、心優しい、素直な性格のお友達であること。男の子も女の子も、みんな、素晴らしい法友であること。自分には同年代の友達なんてできないのではないかと、不安と悲しみと絶望で、夜中じゅう明け方まで泣き暮れていた娘の姿が、今でも、思い出されるたび、胸を締めつけます。本当にあの悲しみから、寂しさから、救ってくださったお友達の皆様にも、感謝の思いが絶えません。

　そういうお友達に囲まれて、娘はとても幸せだと言っておりましたし、親としても、大変安心し喜んでおります。ありがとうございます。

本当に、幸福の科学学園の皆様に心より感謝しております。さらなる学園の光り輝く進歩と発展を心より祈念しております――」

開校よりわずか10カ月。幸福の科学学園に集った前川真弥さんのような〝未来の大鷲〟たちは、毎日毎日、着実に成長を続けている。

第1章

幸福の科学学園の目指すもの

学校法人幸福の科学学園　理事長

泉　聡彦《としひこ》

1971年東京生まれ。都立西高校を経て、東京大学法学部卒業。国家公務員I種試験合格後、中央官庁の誘いを断って、1994年、幸福の科学に奉職。

学園構想は教団草創期から存在した

幸福の科学学園開校の経緯

――幸福の科学学園那須本校が昨年4月に開校し、幸福の科学による本格的な教育事業が始まっていますが、この構想は以前からあったのでしょうか?

泉　幸福の科学においては、草創期の1987年の段階の「愛の原理」という大川隆法総裁の法話の中で、将来「教育の改革」を行うということが明言されていました。また、1994年の法話「青春に贈る」の際の質疑応答でも、今後20年くらいかけて学校教育に進出していく旨の話もありました。そのように、教団草創期から、教育事業を展開するというビジョンを、はっきりと持っていました。

ただ、実際に2010年開校を目指すと決めたのは、2006年末に、大川総裁のご三男が、通っていた公立小学校でいじめ事件にあい、「教育界の闇がとても深い」ということを、幸福の科学全体が改めて知ったことがきっかけです。

これは半ば偶然なのですけれども、私は、2006年から、月刊「ザ・リバティ」編集部にいて、その時に教育を担当していました。最初は学力問題、学力向上施策や各教科の勉強法などを執筆していましたが、年末に先のいじめ事件があり、この取材に関しては、フルにコミットした形になりました。ですので、経緯は、よく知っています。

――教育界の闇が深いということでしたが、その時に何を感じられたのでしょうか。

泉　今の時代のいじめというのは、40代、50代の方が経験し考えておられるような昔のいじめと質が違うということだと思います。昔なら「いじめを通して人は強くなる」とか、けっこう牧歌的な意見もあるのですけれども、今のいじめは、自殺にまでつながっていくケースがとても多い。それに、性的なものがとても多いんです。例えば携帯で下半身を撮影して、メールでばらまくとか、ネットに載せてしまうとか。本当にその子の人生に取り返しがつかないようなことまで踏み込みます。これは犯罪ですけれども、被害を受けた子にとっては、「死んだほうがまし」という心境になってしまう。しかもそれが学校側にもみ消し・隠蔽《いんぺい》されてしまい、泣き寝入りというケースがあまりにも多い。

おそらく、本当に軽微なものまで含めれば、いじめは年間100万件くらいあると思います。いじめられているというふうに感じている子供は1割くらいいるのですよ。そして問題なのは、それに関しての救済の制度がないというところですね。この問題は根本的には解決が全くされていないので、前章の前川さんの例でもありましたが、不登校になるしかもう逃げ場はないですよね。

――なかなかいじめがなくならない、あるいは隠蔽《いんぺい》されてしまうのは、どのあたりに病根があるのでしょうか。

泉　そうですね、いろいろな制度の問題もあるのですけど、突き詰めて言うと、これが学園の建学の直接のきっかけにもなっているのですが、学園で理想の教育の柱と考えているのが三つあるのです。一番目が「宗教教育」で、二番目が「塾のいらない学校」、そして三番目が「創造性を伸ばす教育」ということです。

いじめの問題は、この一番目の「宗教的な真理」が教育界に入らないと、根底的には直らないと考えています。

そして、「ザ・リバティ」や、幸福の科学が支援しているNPO「いじめから子供を守ろう！ネットワーク」等で、そういった提言はしているのですけれども、外部から言っているだけでは、説得材料が弱いですよね。実際に「幸福の科学の教えに基づいたらいじめは解決でき、本当に子供は良くなるのか」ということをお見せするというのが、開校を急いだきっかけです。

なぜ宗教的真理が入るといじめは解決されるのか

泉　では、宗教的真理が入ると、なぜいじめ問題が解決できるのでしょうか。大川隆法総裁の『救世の法』第1章「宗教のすすめ」では、「なぜ宗教が必要なのか」ということについて説かれています。一つは「人間は霊的存在であり、それが肉体に宿って人生を送っている」という霊的人生観です。二つ目は、「人生を生きるにあたっては、善悪なるものがある」「この世の法律を超え、霊天上界の最上段階から神仏によって降ろされた、『正しいか、正しくないか』という、善悪の判断基準があり、死後、それに基づく判定が必ずなされる」ということ。そして、こうしたことを教えている宗教は善であるということです。

人間が永遠の生命を持っている霊的存在であるということの中には、「善《よ》いことをすれば善い結果が返ってくる。悪いことをすれば悪い結果が返ってくる」という「縁起《えんぎ》の理法」が含まれるのです。これは、「己の欲せざるところを他に施すなかれ」という「黄金律」の基礎になっていますけど、こうした教えは宗教から出ているんです。「人を傷つけたら将来自分が傷つけられる」という教えですね。こういう宗教的な価値観が道徳のもとなのです。また、はっきりと天国・地獄が存在し、どのような生き方をすれば天国に還《かえ》り、どのような生き方をすれば地獄に赴くのかということを教えられています。宗教には、善悪というものがはっきりと出るのですね。

今の日本の教育というのは、宗教がほとんど機能していませんから、こうした点が非常にあいまいです。ですから、何でも多数決で決めたりします。しかし、いじめはだいたい弱い、少ない人がいじめられているわけで、多数決的原理に持ち込まれたら被害者は必ず負けるわけです。大川隆法総裁の『教育の法』にもありますが、間違った民主主義、日教組系の宗教的な根拠のない戦後民主主義を信じている先生も多いから、結局直らないのです。

アメリカなどでは、キリスト教精神が一応基礎にありますので、州によってはきちんと法律レベルでいじめが禁止されているのです。その背景には、当然、宗教的にもいじめは悪だとされているわけですね。こうした点に日本との差を感じますね。

いじめの取材をしていても分かったのですが、キリスト教系のミッションスクールへ通っていた方は、そういった善悪の価値観がとても強いですよね。だから、「やはりそれはおかしいと思う」とはっきり言っている方は、日本的な多数決的なムラ社会原理ではなくて、そういった宗教教育を受けた方に多かったですね。

先ほど、「宗教は善なんだ」と言いました。これは改正された教育基本法の中にも、表れています。宗教に関する一般的教養は、尊重しなければいけないことになっていて、その趣旨とも合っているわけです。公立でも、宗派教育でなければ、やってもいいわけですよ。特定の宗教に偏らない宗教教育は、国・公立でもやっていい。そして、私たちは私立ですから、情操教育もできますし、宗派教育もできるのです。

日本に欠けている三つの教育

幸福の科学学園の宗教教育とは

泉　我々は「徳ある英才」と言っているのですが、宗教教育は、いじめ対策のためだけではなくて、徳性を涵養《かんよう》するためにも必要です。今の日本の教育の中で、宗教は根本的に教わりません。私も小学校から公立・国立でしたけれども、小・中・高・大を通して宗教について明確に教わった覚えが一度もありません。

学力の上昇は良いことですが、ともすれば「点数さえ高ければ偉い」という人生観・価値観になってしまう。そうすると、その中で勝利した人でも、「より大きなもののために生きよう」と思うことがあま

りないわけです。だから、そうではなく、やはり信仰心や愛の心、徳と言いますけれども、それらをきちんと身につけていくという部分が、宗教教育のとても大きなところですね。

――宗教教育は、幸福の科学の信仰をベースにした宗教教育ということでしょうか。

泉 そうですね。もちろん、幸福の科学の教義を中心としています。宗教科という授業もありますし、朝夜のお祈り等もあります。ただ信者に限定している学校ではありませんので、幸福の科学の教えを理解して学びたいという方だったら、どなたでも入ることができます。

幸福の科学の教えを一言で言えば、「信仰心」と「愛・知・反省・発展」の「四正道《よんしょうどう》」です。那須本校の大川隆法記念講堂にも御本尊のエル・カンターレ像があって、その両サイドに愛・知・反省・発展を表した書籍のレリーフがあります。愛と反省というのは人格を磨いていく教えであり、徳というのは、主にこの愛や反省に関係しています。知と発展というのは、主にこの世的な成功につながる教えでもあり、勉強や創造性は知や発展と位置づけられます。そのような、信仰心と四正道を中心に、24時間が回っている生活を、全寮制という環境でバランスよく修めていく。これが幸福の科学学園の宗教教育です。

ゆとり教育をいち早く批判した幸福の科学

――幸福の科学の教えの特徴として、学問や実学を重視しているという面があります。

泉　幸福の科学は「未来型宗教」をうたっているのですけれど、ここが、世間の宗教に対するイメージと、幸福の科学が、全然違っているところだと思います。

先ほど申し上げた愛の心や反省の心というのは、世界宗教の普遍的条件と言われていまして、程度の差はあれ、どの世界宗教でも説かれている教えでもあります。

ただ、それはどちらかというと、この現実社会の中での成功とはストレートにつながらないこともあるわけです。しかし、幸福の科学の特徴は、そうした神秘的なところもあるのですけれど、合理的な部分、現実社会でも勝利するというところがとても強いのです。勉強や学問に関しても、知の原理や発展の原理という教えがあり、その一環として、きちんと勉強も行う。「勉強も心の修行」ととらえているところが特徴です。

実は、ゆとり教育批判を始めたのも、幸福の科学が一番早かったのです。

私は1997年から1998年にも「ザ・リバティ」編集部にいまして、中央教育審議会の第二次答申が出た直後、「中教審『中高一貫』『飛び入学』の意外な落とし穴」という記事を担当し、答申の根底に流れている「ゆとり教育」の思想は間違っていると執筆しました。一般誌での本格的な批判はおそらく日本で初めてでしょう。当時26歳でした。

その後、1998年3月号には、当時文部省の〝スター〟官僚だった寺脇研氏に対する批判も掲載されました。それは私が直接担当したわけではありませんが、編集に関わっています。その後、世間でも批判が出始めて、99年に『分数ができない大学生』などが出版され、世論が変わっていきました。ある教育評論家の方も、「ゆとり教育批判は『ザ・リバティ』が一番早かった」と認めてくださっています。

そういう意味で、幸福の科学は勉強もとても大事にする教えなのです。ですから幸福の科学で勉強すると、基本的に子供の頭は良くなります。

――教えの中で、信仰と学問・学習・勉強というのが融合している面があるということなのでしょうか。

泉　そうですね。創立者の大川隆法総裁ご自身が巨大な霊能力者であられると同時に、東大も出られて、この世でビジネスマンとしても成功されています。この世の能力とあの世の能力とを両方持っておられ、私たちも、「この世とあの世を貫く幸福」を目指しております。この世の大事なところとして「勉強」というものがあると捉えているんですね。

信仰と知というのは、基本的には相反しません。ニュートンやカントも神を信じていま

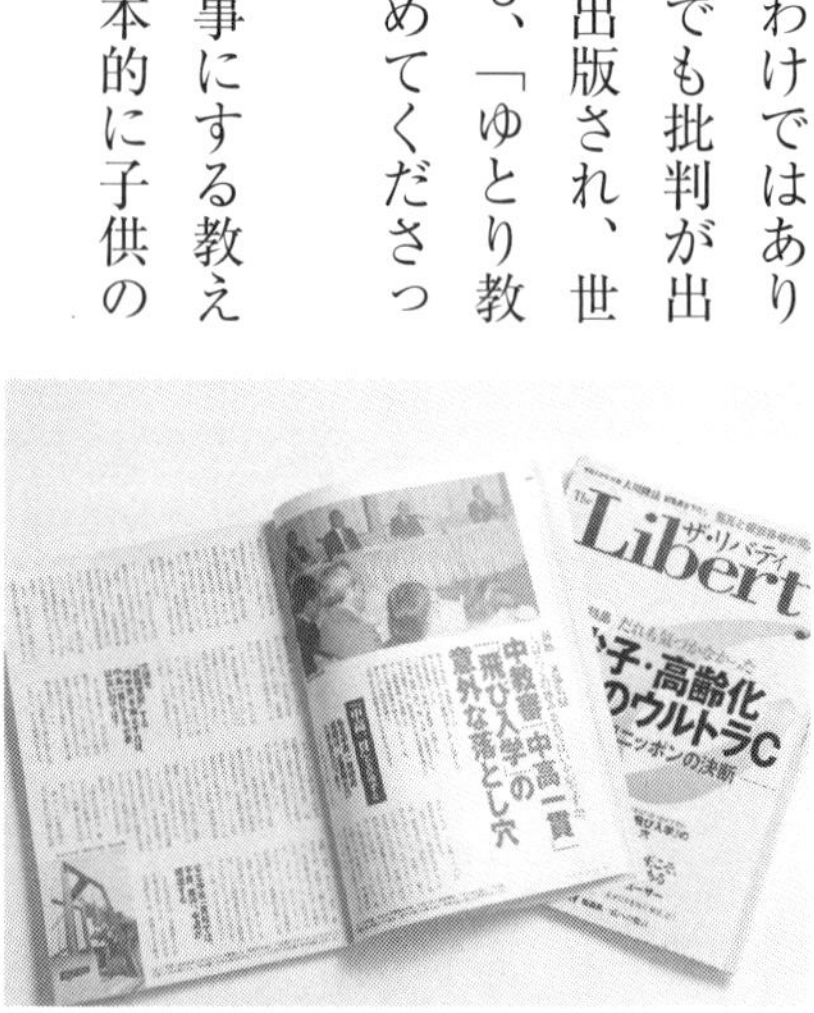

日本でいち早くゆとり教育を批判した
「ザ・リバティ」1997年8月号

した。信じなくなったのはマルクス主義以降であって、基本的には一致するのです。宗教的真理というのが、国語や算数、数学、理科、社会、英語の奥にあるわけです。その核の部分をつかんだ教師が教えると、人格的な感化も非常にあるわけです。真理を学んでいれば、「なぜこの教科を学ぶのか」ということが言えるわけですよ。しかし、学んでいなければ、「いい学校に入るから」とか「将来のため」くらいしか言えません。ですから人格的感化力がないわけですね。

学問の目的は受験だけではありません。そうではなくて、知識そのものをもっと愛することが大切であり、その知の奥には、信仰心や真理があります。学問や、教育の目的は、真理の探究であるということが理解できていれば、そういう根本的な哲学があれば、たぶん、ゆとり教育という結論にならないと思うんです。これも、学校教育から信仰心がなくなった影響なのかもしれませんが、この部分が日本で失われているというところに、いじめ問題もあるし、学級崩壊、学力低下などという問題もあるわけですよね。崇高なものに対して、努力するという精神を、多くの教師や教育界がよく分からないからです。

「教育の目的は真理の探究である」ということを、教師がきちんと教えれば、子供でもそれは理解できます。

「塾機能を内包している学校」を目指す

――信仰があることで、なぜ勉強をすべきかが分かるということですね。

泉　そうですね。それと、やはりもう一つ大きいのは、学業面・進学指導面を塾に丸投げしている学校が多いですよね。そうすると、どうしても学校の先生には権威がなくなります。宗教面でも権威がなくなって、学力面でも権威がなくなれば、生徒は先生を甘く見ますよね。

決して塾を否定しているわけではありませんが、本来、学校がやるべき部分はやはり学校できちんとやるべきではないかと思うのです。そういう意味で、「塾のいらない学校」「塾機能を内包した学校」を目指そうと思っているのです。やはり塾や予備校も、企業として、目的に向かって合理的に努力をするという意味では、良い面を持っていると思います。

そのかわり、こうした学校を目指すとなれば、普通の学校の先生の何倍も負担が増えるので、大変なことは事実です。『教育の法』の中でも「幸福の科学学園の先生には、普通の中学校や高校の教員に比べ、おそらく最低でも三倍の負荷がかかる」と説かれています。通常の授業に加えて人格教育をし、さらに塾機能の仕事もする。でもそれを、大川総裁の願われる通り、「日本一、付加価値の高い教育をしている」と、誇りに思う先生がこの学園にはそろっておりますので、それを乗り越えていける人であると、我々は信じています。

第3章でも出てきますが、授業の評価や研修など、合理的な、この世のありとあらゆる良いものは取り入れています。そして、毎年毎年、改善を重ねていくつもりです。

この学校に預けておけば大丈夫という学校を創りたいということですね。

この「塾のいらない学校を目指す」という点が、幸福の科学学園の教育の二番目の柱です。

人類の最前線の課題を解決する創造性教育

――幸福の科学学園の創造性教育の特徴は何でしょうか?

泉　三番目の創造性教育について申し上げると、勉強ができても、仕事ができるとは限らないわけですよ。

今の受験のシステムでは、あまり創造性というものは測れないわけです。受験勉強の中で、実務能力の基礎のようなものはできるのですけれども、勇気やチャレンジ精神などは測れません。ビジネスの世界で言えば企業家精神とも呼びますが、これから新しいものを創り出していける能力を持った人を育てたい、という未来型教育を第三の柱としています。

その創造性の根拠は何かと言うと、先ほど霊的人生観の話もしましたが、「各自が生まれてくる前に必ず自分の人生計画を立てている」という前提があるのです。人生の目的と使命を全員が持っていると。その目的は「魂の修行」で、使命は「ユートピア建設」だと幸福の科学では教わっているのですね。「これはどんな人にもあるんだ」と。これが教育をする前提なのですね。

それを引き出すというのが、幸福の科学の言う教育なのです。そのうずきの特に強い人のことを、「天才」と呼ぶのです。生まれてくる前の記憶がとても強いので、何か「絶対にこれを果たさなければいけない」と魂に刻印しているので、長時間努力もできるわけです。

勉強でもそうですが、それぞれの分野で、最先端の人類の課題を解決していけるような人材を出したいというのがこの創造性教育ですね。その一つとして探究創造科があり、芸術教育もあり、また生徒会や部活動もあると。そういう勉強以外の学びも含みます。

全寮制で「高貴なる義務」を果たすエリートを育てる

――いずれも今の日本に欠けている部分ですね。

泉　そうです。このように、信仰心があって学力があり、かつ創造性がある人を、新しい時代のエリートだと我々は考えているのです。この三つは、今の日本に、根本的に欠けている教育ではないかと問題提起をしています。これらを実践して、「幸福の科学の教えで、圧倒的に子供たちが良くなっていく」ことが実証されてくれば説得力がありますね。

宗教の善悪というものは、『聖書』にもありますが、最終的にはその果実でしか測られないわけです。ですから、幸福の科学の教えを中軸とした教育で、子供たちがどう変わるのか。この世的にもきちんと仕事ができて、各界で活躍する人たちになるのかという、挑戦を今、しているところです。この学園の信用の確立に関わるところですね。この点については、これからの章でも出てきますが、早くも子供たちは活躍し始めていて、とても立派な兆しが出ています。

もし一点、保護者の方をはじめさまざまな方がご心配されるとしたら、学校が街中離れた場所にあるので、閉鎖的で洗脳というか、カルトみたいになるんじゃないかという点ではないかと思います。ですが、アメリカやイギリスの全寮制のボーディングスクールやパブリックスクールなども、決して便利な場所にはなくて、人里離れているのです。広大な敷地の中で、下界の雰囲気が入らない場所にあえて創り、誘惑を遮断して、勉強やスポーツなどに打ち込ませるのです。そこで学校にもよりますが、きちんと宗教教育もします。そして、ノーブレス・オブリージという「高貴なる義務」を果たす人材を育てるというのが、英米や世界の常識なのです。

ですからもしこういったスタイルの教育に対して、「おかしいんじゃないか」と言う人がいたら、「ではなぜ英米では、ボーディングスクールやパブリックスクールが、何百年も成功して残っているのでしょうか」と逆に問いかけたいと思います。

やはり、保護者が「そこに行かせる意味がある」と思っているし、「そこで育った人材がやはり国を引っ張っている」という事実があるから残っているわけですよね。

そこではあえて相部屋で共同生活をさせて、多少不便な点もありますが、その中で自立心や友情を養っていく。そして、いったんことがあれば真っ先に戦地に赴く。そうした「高貴なる義務」「高い地位や身分に伴う義務」を持っているのが欧米のエリートです。命がけなのです。だから尊敬もされます。当然、信仰心があるのが前提です。昔は日本にも、旧制高校という全寮制の学校がありましたが、今の日本にはあまりない考え方ですね。

そうした努力をした人がより多い義務を負っていると思うと、他の人々も納得するわけです。「成功した人がより負荷を負っている」と思うと、嫉妬心も和らいできますよね。「一

イギリスのパブリックスクール、イートン校

度成功したらずっと勝ち組です」となると、何かやるせない世の中ではないですか。

この学園でも、軍隊に行くという意味ではありませんが、そういう騎士道精神が貫かれているということです。

そういう意味で、総本山の那須精舎には、30万坪の境内地があって、その中に3万坪の学校がありますので、立地的にはベストなところと言えますね。

この後の章を読んでいただければ、生徒たちがとても開放的に過ごしていることがわかりますから、安心していただけると思います。

また、年3回、春・夏・冬の休みの時には、地元に帰省することになりますので、6年間、山にこもりっぱなしというわけではありません。また、部活などをやっている生徒は対外練習などもありますので、外部との接点は豊富にあると思います。

もちろん、この学園は行政が認可した学校ですから、教育基本法や学校教育法などの精神にも則《のっと》っています。宗教科や教科時間外のところに、朝夜のお祈りなどの宗教教育はありますが、それ以外の教科の授業自体はきちんと行っています。キリスト教のミッションスクール系の宗教の時間が、幸福の科学の仏法真理になっており、それを全寮制で教えているととらえていただければいいと思います。

創立者の教育にかける情熱

創立者・大川隆法総裁によるさまざまな配慮

泉　これからの章で、子供たちがどんどん元気になっている姿が出てきます。

ちなみに当学園の学費は、寮費込みで年間120万円で、実は、こういった寮制学校だと破格の安さです。平均は160万円くらいです。これは、創立者・大川隆法総裁の意向として、やはり「できるだけ家計に負担をかけないように」とご配慮いただいた点が反映されたものです。学校は、公益事業であって、儲《もう》けるためにやるものではありませんので。

また、大川隆法総裁の1億円の寄附を核として始まっている奨学金制度があります。成績優秀者などに給付される大川賞という奨学金などもあるのですが、別に、貸与型の奨学金制度というものもあります。この貸与型奨学金は、現在は、宗教法人幸福の科学が、慈善事業として、無利子で貸与をしている形です。

そのような制度があって、才能がありながら経済的理由により入学できない方へも、門戸が開かれています。今のところ毎年順調に、ほとんどの人に希望通りに出ていますので、ご安心いただいてよいと思います。

また大川隆法総裁には、２０１０年は公式に6回ご来校いただき、うち生徒向けに3回も法話を賜っています。入学式と1学期終業式と、さらに2学期の探究創造科の授業の3回です。

入学式の法話「信仰と天才」の中では、「日本のリーダーをつくるために、この学校を創ったのではないのです。世界のリーダーをつくるために創ったのです」とありました。

そして、実際に大川総裁より、数十冊の英語教材や英語の特別授業をいただいています。これらもすべて、学園生が活用させていただいています。そういった意味では、「学園生は英語ができる」「国際感覚が豊かだ」と言われるようになりたいですね。これからの時代は、やはり英語ができないと仕事ができないと思いますので。

大川隆法総裁から学園に対していただいたご寄附は、これまでに合計で8億円以上になります。先ほどの大川賞基金としての1億円もありますし、生徒が見聞を広めるために、第1期生全員分の海外語学研修費の寄附として５６００万円をいただいています。中学生は3年時にオーストラリア、高1生はこの春ニューヨーク・ボストンに行かせていただく予定です。ほかにも学園で使用するシャトルバスの寄附もいただきました。そういったこまかいところまでご配慮いただいています。

感謝の心が飛び抜けて強い生徒たち

先ほど奨学金制度を紹介しましたが、それもやはり資金を提供してくださった方がいてこそ成り立っている制度です。そうした方への感謝の心を表明する機会として、奨学金を受けている子供たちが、寄附をしてくださった方に向けて、年2回、7月の御生誕祭と12月のエル・カンターレ祭の折に手紙を書いています。これが、素晴らしい感謝の手紙なのです。心から感動します。読んでいて涙が出てきます。

普通ではないですよ、この子たち。普通の学生では、この内容は書けないです、これも信仰教育の一環だと思いますが、奨学金システムも、宗教教育上は意義があると思います。

◎奨学生からの感謝の手紙（2010年12月）

（高校1年・女子）

こんにちは。体育祭や大鷲祭、合唱コンクールも無事終わり、もうすぐ冬休みに入ろうとしています。

入学してから今までを振り返ると、本当に私の生活は充実していました。朝はお祈りから始

まり、法友と光あふれる授業を受け、放課後は部活動に励んだ後、美味しい食事をとって、夜の祈りで一日の反省をし、寮の整った環境で学業修行をすることができるのは、奨学金を寄付してくださった信者さんのおかげです。本当に感謝の思いでいっぱいです。ありがとうございます。

私も今この恵まれた環境で最善の努力をし、みなさんのような立派な人になって幸福の科学に貢献してまいります。これからあと2年と少しの間もみなさんの支えのおかげで学業修行や精進をすることができることは、私たちにとって大きな心の支えです。みなさんの熱い念いと深い信仰心に応えることができるよう、精一杯努力精進してまいります。

寒くなりますが、お体に気をつけてください。みなさんの御健康を心よりお祈りしています。

こういった感謝の心というものが、生徒の中にとても強くあるんです。そして、こうした手紙を年2回書くことで、生徒一人ひとりの思いが集まって、学園全体が光に包まれた感じに変わるのです。

先ほどの法話「信仰と天才」の中では、信仰と天才をつなぐものは「努力」「忍耐」「継続」、そして、「感謝」「報恩」の心であるとありました。「信仰すれば天才になる」というほど世の中は簡単ではないということです。また、成績の良い人などに対しては「嫉妬していい暇があったら、自分が勉強しなさい」という教えもありました。そういった言葉の力は子供の中に宿ります。だから生徒たちの仲がとても良いですね、嫉妬しません。祝福し合っています。これは偉いと思いますよね。

先ほど創造性ということを述べましたが、創造性は感謝・報恩の心から生まれます。これも大川総裁から教わっていることですが、そういった感謝の思いがありますと、世の中に報恩したくなります。いただいた以上の恩を返したいと思い、世の中に役立つものを創り出したくなるのです。

実際に、生徒も夢をどんどん発見しています。郁文館夢学園の渡邉美樹さんも「夢教育」を唱えておられて、それも立派だと思いますけれども、夢をもっと宗教的に突き詰めたら、生まれてくる前に定めた使命なのですね。天命と言ってもいいです。

そのうずきの強い人が「天才」で、その夢・使命をこの宗教的磁場の中で、インスピレーションという形で受け取れるというのが、宗教教育の醍醐味なのですね。ですから、この学園の子供たちはインスピレーションという形で、どんどん夢を発見しています。自分の使命が、宗教家や医者、政治家や教師であるなど。各分野で新しい文明を作る夢を持った子供たちが生まれていると思います。

こうした夢、使命を持った子供たちが卒業して、人材山脈がつながっていくのが新文明であるし、国家百年の計であると考えています。

理想の教育の実現を目指して

肌で分かる日本の教育の問題点

泉　天才が日本で生まれにくいのは、嫉妬社会だからですよ。足を引っ張りますでしょう？　いじめられるでしょう？　目立つといじめられるじゃないですか。

私も小・中・高・大と公立・国立の学校で育ってきましたので、日本の教育の現状、問題点はよく分かります。

私の中学生時代の１９８０年代は、学校がひどくなり始めた頃です。１９８６年、中学２年生の時、東京の中野富士見中の鹿川くん事件という世間を揺るがした事件があって、教師まで「葬式ごっこ」に加わり、生徒が自殺をしたんです。私は隣の区におり、同い年でした。いじめ自殺事件はその後も周期的に起きていますが、その端緒となる事件でしたね。

今でもそうだと思いますが、そういう環境下だと、「いじめられないように、いかに自分が目立たないようにするか」ということが本能的な目的になってしまいますから、周りの目を気にして、才能を発揮しようにもできない状況になるのです。目立てばいじめられますから。この学園に来ている子にも、やはり真理を知っていて、自分の意見をはっきり言うし、創造性があるので、いじめられていた子もいるんですね。正しい子がいじめられるわけです。「いい子ぶって」という感じで。私も、道徳の授業とかもあまり記憶にないし、宗教なんて教わりませんでした。そういう意味で、日本の公立校では子供は才能が伸びにくいですね。

どこの公立もそうだったと思いますけどね。机が転がっていたり、教室のドアがないとか、トイレのドアがないとか。おそらく当時の普通の公立では、当たり前だったんじゃないでしょうか。程度の差はありますけれど、私もいちいち驚きませんでした。

――中学時代にそういう公立中学の現状を目の当たりにされたと。そうした現場を見て「やはり宗教教育が必要だ」と思われたのでしょうか。

泉　当時はそこまでは思わないですね（笑）。ただ閉塞感《へいそく》はすごかったですね。もちろん良い先生はいました。今でもおつき合いはしています。個人の先生は良い人なのですが、全体としてそういう雰囲気なのですよ、日本の教育界は。

かといって有名私立進学校ではいじめがないかと言えば、そうでもないのです。だからやはり宗教的な教育をしないと直らないですよね。

――先ほどおっしゃった価値判断や善悪の判断のところですね。

泉　この学園でもそういった問題やトラブルが全くないかと言えばあります。それは全寮制で24時間一緒にいるわけですから。しかし、そのたびにやはりきちんと善悪を教えて反省させるという指導が入ります。それで、子供も学んでいくわけです。

この学園では、喜島校長の教育でもあるのですけれど、生徒がどんどん手を挙げる。「アメリカではみんな手を挙げて発言する。それが国際標準だ」と開校直後に教えているので、生徒はどんどん質問しますね。日本だと「目立ちやがって」となるでしょう？　そういった意味ではもう世界標準に近づいていると思います。

――高校ではいかがでしたか？

泉　高校は都立の西高というところで、有名な進学校でしたが、塾に通わず現役で最難関の大学に入ることはありえなかったですね。浪人前提で過ごすか、塾に行くかのどちらか選ばないといけない形ですね。

幸い私は現役で合格しましたが、塾や予備校には通っていました。そういう意味では、「塾のいらない学校」を目指すとは、非常にチャレンジングであることは、自分が経験していますから肌で分かります。塾のこの内容を全部学校で教えるのかという難しさが分かります。ただ、塾と全く同じことをやってもたぶんだめなんだと思います。だから、幸福の科学学園ならではの新たな発明がいるとは思っています。この学園はロケーション的に見ても、塾に通えませんし、この部分のノウハウは、今一つひとつ手を打っているところです。

受験勉強の中では、宗教の大切さや創造性を教わらない

――東京大学で感じられた現在の日本の教育の問題点は?

泉 私は幸福の科学の真理に出会ったのは高校時代なのですけれども、大学に入ってから「受験勉強の中で宗教について全く触れないので、真理を知らないで受験勉強を経た人は信仰をはじくんだなあ」と実感しました。私も大学時代、たくさんの人に伝道しましたけど、東大生のほとんどは先ほど述べた霊的人生観などは知らないでずっと育ってきていますから、宗教への警戒感は強かったですね。

もちろん、中にはしっかり話を聞いてくれる人もいましたが、東大生は、基本的に「人

生もう成功した」と思っていて、「宗教なんかに触れて俺のキャリアを棒に振りたくない」というふうに、半分でき上がっています。

そして、多くは安定的なところにしか就職しない。よく「東大出身でベンチャーを起こす人はほとんどいない」と言われます。そういった未知の世界に踏み出そうという思いはほとんどないんです。守りに入っていますから。創造性がないというか、それだけの覚悟がない。でも、例えば、ビル・ゲイツはハーバード大を中退したわけです。そして、それがやっぱり一番かっこいいと思われている。最近でこそ、少しずつ変わってきてはいますが、まだ日本では、東大法学部を中退して起業するって、考えてもできないでしょ。創造性の高さが評価されるという意味において、まだ価値観が全然違いますね。

それに私は法学部で、国家公務員I種試験にも合格したのですが、恐ろしいことに、司法試験や公務員試験予備校の憲法のテキストを読むと「宗教は民主主義と相容れない」などと書いてあるのです。そうすると、学生はそれを暗記していくから、法律関係者にも宗教が全然入らないんですね。無神論の牙城《がじょう》みたいになっていくわけです。実際は「宗教こそが民主主義の基礎である」ことは、諸外国の常識なのですが。

教育界も同じで、その根っこには丸山眞男という、元東大法学部教授で、戦後民主主義のリーダーがいて、敗戦で一気に世論をそちらの方向に持っていって、「宗教は表の世界から隠れるべきだ」と扇動《せんどう》しました。その思想的傾向がずっと続いて、それが直っていないのが現実です。ですからそれに真っ向から異を唱え、「宗教教育が必要だ」と訴えているわけです。

それから、私自身も、自虐史観と言いますか、歴史の教科書や授業で、「日本は悪い国だ」と教えられてきたので、幸福の科学の教えに出会うまでずっとそう思っていました。これは、今の若者にも強く刷り込まれています。日本の若者が元気がないのも、絶対これが原因ですよ。

ちなみに当学園の中学社会科では、『新しい歴史教科書』（育鵬社）を採用しています。他国とディベートなどをしていく意味でも、「竹島は日本の領土」などという知識をきちんと学ぶことは必要だと思います。

教育について掘り下げた10数年

泉　私も幸福の科学に奉職してからさまざまな部署を経験しましたが、1998年から2年間、学生部という主に大学生を対象とする部署を担当していたことがありました。その時に感じたのは、自分の中の「教育者としての資質」に目覚めたのが一つと、もう一つは、「18歳までに宗教的真理を教えないと遅い」ということでした。学生部の学生だけでなく、その子が誘ってくる一般の学生ともたくさんお話しして、伝道していたんですけど、この小・中・高の12年間の唯物論教育とゆとり教育の悪影響をとても感じました。日本で行っていることは、宗教教育と塾のいらない学校の逆なんです。もちろん、中には優秀な学生もいて、今教団の幹部になっている方も多くいますが、当時は「自分の学生時代より唯物論教育とゆとり教育が進化しているなあ」と感じていました。

基本は大学生担当だったのですが、中・高生も管轄はしていたので、「中学・高校時代の教育とはどうあるべきなんだろうか」と真剣に考え始めたのがこの頃です。今から10年以上前です。「人を育てるとはどういうことなんだろう」ということを真剣に考えたのがその時ですね。それで、吉田松陰先生や福沢諭吉先生の伝記を読んだり、もちろん松下村《しょうかそん》塾《じゅく》へ行ったり、福沢先生の大分の中津にある実家に行ったりしました。「理想の教育とはどういうものなんだろう」と考え始めたのはその時ですね。その中で、大学生を相手に、創造性・天分を伸ばす教育というものを数多く試みました。

その後、幸福の科学の支部に配属された時も、その問題意識をずっと持っていました。宗教というのは、そもそもが人間教育で、人を育てるという意味では教育と同じ面が多分にあると思います。それを子供相手に行っているのが学校教育ですよね。

その後、先ほど述べたように、２００６年に再び「ザ・リバティ」編集部で教育を担当したので、今まで体験したものを理論的にまとめられるんじゃないかなと思いました。教育の担当になったのは偶然だったんですけれども。記事を一本書くためには、本をだいたい30冊から40冊は読みますので、教育だけで千冊近い本を2年間くらいで読みまして、記事を書くベースにしました。

その時に知り合った方が、先ほどのＮＰＯ「いじめから子供を守ろう！ネットワーク」のパネリストになってくださったり、幸福の科学の教育政策の応援団になってくださったりしています。

最初は学力の問題を取材して、いじめ事件があり、その後、宗教教育や徳育の記事を担当しました。創造性教育については先ほど述べたように、学生部担当の時に実践し、試行錯誤や気づき、インスピレーションをまとめていました。厚さ数センチくらいのルーズリーフになっているのですが、今でも読み返すことがあります。その時の思考訓練は、学園で実践する上で役に立っています。

そのあと幸福の科学大学の準備室に1年ほどいました。大学の

泉理事長が2006年以降「ザ・リバティ」に執筆した主な教育記事

研究や教育の準備となると、さらにまた膨大な知識が必要になりました。結局、理事長就任以降も含めて、2006年以降、2千冊近く教育書や経営書を中心に読んだことになります。

一般的にも、新規事業をするにはその業界の本を千冊ぐらい読まなければいけないと言われていますが、結果的に「ザ・リバティ」編集部や大学準備室のおかげでその部分が鍛えられたので、とても助かっています。

こうした知識がなければ学校経営はできませんね。やはり教員経験者ではありませんし。かといって、教育出身者だったらできるのかというと、そうでもない。従来からあるのと同じ学校を作っても意味がないわけです。「宗教」と「塾のいらない学校」というのは、今まで接点がなく、日本にないことをやろうとしているのですから。

――今までの延長線上ではないわけですね。

泉　幸福の科学では、経営の法（『経営入門』『社長学入門』『未来創造のマネジメント』など）で「知力ベースマネジメント」を教わっているのですが、その必要性をとても感じます。教えの中で、経営者は経営書などを「一日に一冊ぐらいは読まなければ駄目です」とも教わっているので、私もそれを「戒」として読んでいます。経験だけで判断できる範囲を超えていますから。また、ありとあらゆる成功されている先達《せんだつ》の教育者のノウハウは貪欲に取り入れさせてもらっています。そして、改善に改善を重ねていくという部分を大切にしています。

私が直接教壇に立つわけではありませんが、判断の部分において、教育のことを深く知っていないとできないのです。

教職員一人ひとりが〝吉田松陰〟に

泉　教育というのは最後はソフトだと思います。松下村塾も、あんな粗末なつくりの家ですよね？　人が人を呼んでいるわけです。ですから、「学校はコンクリートの塊ではない。最後はソフトウォー、ソフトの戦いである」と思っています。カリキュラムなどソフトの部分の改良が最後のカギになると思います。その点は校長とも一緒にやっています。

幸い集まってきている教員は、教師経験や塾講師経験が豊富で、また基本的な理念は一致しています。ただ全寮制というのはほとんど皆初めてで、そういった意味で肉体的にもきついし、産みの苦しみがあるのは事実ですね。

ただやはり理想に共鳴して集っている人たちなので、先ほど申した「3倍の負荷に耐えて、一緒にやろうじゃないか」と、言っているところですし、私は、教職員の方に「一人ひとりが、吉田松陰になってください」と言っています。「あなたが吉田松陰なのです」と。

「これは巨大な松下村塾なのです」「システム的な松下村塾なのです」と（笑）。

――かなり巨大な松下村塾ですね（笑）。

泉　「『あなたが吉田松陰だったら、どうしますか』と、考えてください。それがおそらく理想の教育です」と、言っています。理想の教育を実現しようとしているわけですから。幸福の科学では修行が進んで人助けに専念する魂のことを菩薩と呼ぶのですが、一人ひとりが〝教育菩薩〟になるということですね。もちろん、私も言うだけではなくて、全部、実践しなければいけません。

組織というのはトップで決まりますので、私の器の範囲内、徳の範囲内で発展が決まると思っています。私は、直接、生徒には教えてはいませんが、実務上の判断や霊的な部分で、全責任がありますので、重みを感じています。

――30代で、その責任を負うというのは、大変なことだと思います。

泉　逆に、それは、若くないとできないのも事実ですよね。学校の世界だと、開校して20年経っても、「まだ歴史の浅い若い学校です」と紹介されるのです。

私も、今後10年から20年責任がありますから、20年後、どうなっているだろうかと常に考えるようにしています。

那須校開校の1年目は教職員も大変でしたが、2年目以降はある程度仕組みやルールが決まっているので、学年が増え、生徒は増えますが、1年目に比べればある程度楽になるのではないかと思います。1年目は想定の範囲外のことだらけでした。常時、数百人が泊まっているわけですから。全寮制なので、食事やコンビニなどにも全部気を遣わなければいけなかったので。

そういった意味では、運営のノウハウをためる1年間でしたね。基礎的なノウハウはたまってきたので、今後は、進学に向けてのノウハウに改良を重ねていくつもりです。

遠大な理想に向けて

泉 そういう意味では、学校を創るということ自体に創造性がありますよね。今後、兄弟校である関西校を創ります。関西校は、滋賀県大津市の琵琶湖畔に2013年に設立予定で、那須より少々都市型の学校になります。

一部通学生も募集します。欧米のボーディング・スクール、パブリック・スクールでも一部通っている生徒がいますね。京都駅にも近く、大阪や神戸からも通える学校になると思います。もちろん寮もありますので、希望する子は全国から集うことができます。

いじめや不登校などがまだまだ多いですね。そういった子も救っていきたいです。ですから、関西校が必要なのです。那須本校1校だけでは足りません。ですから関西校も創って、これまで述べたような、宗教的真理に基づいた教育をしたいと、強く思っています。ゆくゆくは、中部校、九州校も、構想としては持っています。また、小学校、幼稚園、それから大学、そして、海外の学校、海外の大学と、次から次へと増えていくでしょう。

幸福の科学大学は、現在2016年開学に向けて準備中です。大学ができると、先ほどの「創造性教育」が本格化します。学園の中学・高校では受験勉強ももちろんしますが、推薦で大学に入っていく生徒も多くいるようになりますから、本当の意味での天才教育、好きなものに没頭していくタイプの天才が、伸びますよね。創造的知性というのはやはり本を大量に、千冊、2千冊と読まないと磨かれないので。受験があるとどうしても読めないですからね。その部分が、大学ができてエスカレーター式で上がれるようになれば、本格的な創造性教育、天才を生むルネッサンス教育ができるようになります。

それが2020年以降の未来を創るための国家百年の計になると信じて、水面下で今、その一歩を進めているということです。

国難もこの10年が勝負と言われています。その国難が終わった後に、何があるのかといえば、学園の卒業生が未来を創っていくわけです。ちょうど、今の中学1年生が大学を卒業するのが２０２０年なのです。

以降の章で出てきますけれど、この学園の生徒は本当に積極的な子が多いですね。まだ実績のない学校に来るだけでも、すごくパイオニア精神のある子ですよね。やはり、勇気がいりますよね。ですから、最初に来ている子は大物が多いと思いますね。

――宗教教育、塾のいらない学校、創造性教育、それらを通して学園として生み出したい生徒の人間像はどのようなものなのでしょうか。

泉　学園のモットーとして掲げているのは、「高貴なる義務」です。その根底には、宗教心と、企業家精神がある。単なる勉強ができるエリートではないというところです。別の言葉で言えば、「信仰と教育を融合させた未来型人間」であったり、「徳ある英才」などとも言いますが、基本的には、信仰心をきちんと持った人物で、世の中の役に立つ人を創っていくということです。本当に世の中の役に立つのかどうかは、時間をかけて、証明していきます。

そして、こうした成果をもとに、教育改革につなげていきたいと考えています。冒頭にも申しましたが、外野から言っているだけでは説得力が弱いですからね。実際に、「幸福の科学の仏法真理を使って教育をしたら、どういうことになるのか」ということを証明していく。そして、日本人に宗教教育の必要性を証明するつもりです。それが目標ですね。そして、日本を宗教立国にしていきたいと思っています。

学園自体、進化する組織、学習する組織を目指し、毎年毎年、改善を重ねていきます。20年後には、名門校にしていきたいです。

――分かりました。本日はありがとうございました。

第2章

徳ある英才を創る宗教教育

幸福の科学学園の教育の第一の柱は、幸福の科学の教えに基づく宗教教育により、「徳ある英才」を創り出すことにある。そして、その成果をもとに、日本および世界の教育を改革したいと考えている。

しかし、日本の公立学校では宗教教育がタブーに近い現在、そのような改革を行うためには、まず「実際に、幸福の科学の仏法真理を用いて教育をすれば、子供はどう変わるのか」を明らかにすることが必要であろう。

開校してわずか10カ月という短い期間ではあるが、その間に起きた事例をもとに、「信仰教育がどれほどの付加価値を生むか」という問いに、ささやかながら答えてみたい。

幸福の科学の教えをもとに

祈りに始まり、祈りに終わる

幸福の科学学園の朝は、祈りから始まる。朝6時半に起床し、身支度、自室作務をし、寮のカフェテリアで朝食をとった生徒は、8時前には元気よく教室に向かう。

8時から行われるのは「朝の祈り」。「大宇宙に光あり　光は仏の生命《いのち》なり……」すべての教室の白板の上に安置された御本尊に向かい、担任が導師となって、クラス全員で根本経典『仏説・正心法語』の中の「真理の言葉『正心法語』」、そして「主への祈り」「守護・指導霊への祈り」を読誦する。

教室での朝の祈り

その後、10分間は経典読書の時間となる。各自、幸福の科学の仏法真理の書籍を読む。大川隆法総裁の自叙伝『若き日のエル・カンターレ』を読んでいる生徒がいれば、『救世の法』を読んでいる生徒もいる。

その後、ショートホームルームで、連絡事項が伝えられるが、そこが宗教的生活指導の場になるケースも多い。

8時40分から1限目の授業が始まる。昼食をはさんでまた授業が続く。

そして、放課後には校舎と寮の作務《さむ》（清掃）をし、おのおのが部活動など自由な時間を過ごす。夕食前には、それぞれが、食事前の祈りである「幸福の科学学園・夕べの祈り」を唱え、父母への感謝、学園を支えてくださっている皆様への感謝、主への感謝を捧げる。

夕食後、19時15分からは、全員が大川隆法記念講堂にて「夜の祈り」を捧げる。「エル・カンターレへの祈り」と「学業成就の祈り」だ。心を天上界に向け、精神を統一して、その後の各自の学習場所に向かう。

19時30分から21時30分までは、聖黙《しょうもく》学習時間だ。聖黙とは聖なる沈黙。心の中に智慧を溜める宗教的修行のスタイルだ。「学業即修行」の教えのもと、聖なる修行としての学習が行われる。その後の1時間は自由・学習時間。22時まで30分間開いているカフェテリア内のコンビニに行く生徒や、一息ついて夜食を食べる生徒でカフェテリアや寮ラウンジが賑わう。将来を期して、この間も、勉強し続けている生徒もいる。

そして、23時の消灯まで勉強して、祈りとともに就寝する(高校生の延長は可)。もちろん、もっと早く寝て、朝早く起きて勉強することも自由だ。

幸福の科学の自由と寛容の教えのもと、他の寮制学校に比べても、比較的自由度の高い生活が、生徒が自主的に勉強する動機づけとなっている。それが可能なのも、内部規律である「仏の教え(仏法真理)」に従って生きる、という信仰をベースにしているからだ。

幸福の科学の教えの根源にある高貴なる使命

幸福の科学の教えは、地球神エル・カンターレへの信仰と、「愛・知・反省・発展」の「四正道」の実践を基本としている。また、その教えは、「愛と悟りとユートピア建設」の実践に集約される。

簡単に言えば、人に愛を与え、宗教的教えもこの世的知識もよく勉強し、反省によって自らの過ちを正し、自分も成功し社会も発展させてユートピアを建設していくことである。ある意味非常に常識的で、バランスの取れた教えであり、それゆえバランスの取れた人格を育てることができる。

もちろんその奥には、「宇宙の創世記」や、「人類が仏の子として創られ、転生輪廻を重ねながら仏に向かって無限に進歩し、世界をユートピアにしていくことを使命としている」という「人類創造の目的」など、宇宙時代の世界宗教としての深遠な教えも説かれている。

地球神エル・カンターレは、地球の最高指導霊として、悠久の昔から地上にさまざまな高級指導霊を降ろして、それを指導してきた。自らは4300年前のギリシャにヘルメスとして生まれて西洋文明の基礎を築き、2600年前にインドに仏陀として生まれて仏教を説き東洋文明の基礎を築いた。その間、イエス・キリストや、モーゼ、マホメットらを、その時代・その地域の指導者として天上界から送り出し、指導もしてきた。そして現代、エル・カンターレの中核部分が大川隆法総裁として日本に生まれ、すべての宗教を統合し宇宙の法まで含んだ壮大な教えを説いて、東洋文明と西洋文明を統合した新たな地球文明を創り、すべての人を幸福にしようとしているのである。また、それゆえ幸福の科学の教えには西洋的な愛と発展の教えと、仏教的な悟りと人間完成の教えが統合的に含まれている。

大川隆法記念講堂の天井画

人間は宇宙根源の仏と一体の存在であり、「人生の目的と使命」として、「魂修行」と「ユートピア建設」を旨として生きている。「君たちは、今世その光の使命に目覚め、多くの人たちを幸福にするために生きる光の天使なのだ」という宗教的真理にもとづいて、幸福の科学学園の教育はなされている。

この「信仰と四正道に基づき、光の天使として生き、光の使命を果たす」という幸福の科学学園の基本理念は、大川隆法記念講堂のエル・カンターレ像と四正道のレリーフや、天井画（右写真参照）にも描かれ、創立記念碑の４体の天使・菩薩像にも表されている。

その霊的真実を信じることで、人生は無限に価値あるものとなる。人生を私物化することなく、世のため人のため、仏のために生きることが、そのまま自分のために生きることになる。そのための努力自体が喜びである、というライフスタイルが生まれる。

それが、幸福の科学学園の教育の根源にある幸福の科学の教えであり、学園生の高貴なる使命感の源なのだ。

高貴なる義務をつかむための「宗教科」

霊的人生観と成功法則

しかし、その高貴なる使命、高貴なる義務をどのようにつかみ、個々人の人生にどう展開するかは、人それぞれだ。

まず、自分の強みや、強く惹かれる分野、胸の奥のうずきを一人ひとりが深く見つめ、ほんとうの自分をつかみ、ほんとうに自分のやりたいこと、天上界で決めてきたこの人生での「光の使命」をつかむこと。これを指導するのが「宗教科」の役割だ。

宗教科は、中学生は6年、高校入学生は3年をかけて、幸福の科学の基本の教え、すなわち信仰論と「愛・知・反省・発展」の四正道、およびそれを実践するための修行論、成功論、伝道論、経営論まで、その内容と実践法を学ぶカリキュラムを組んでいる。

公立校にも「道徳の時間」はある。しかし宗教と道徳の大きな違いは、「あの世からの視点について、どれだけ触れられているか」という点だ。

高校1年生の授業を担当している宗教科主任の鈴木英文教諭はこう語る。

「例えば、『努力することの大切さ』を教える際、『良い大学に入れるよ』『高収入が得られるよ』くらいの理由では浅いですし、最近は、高学歴でも就職できない人も増えています。『なぜか』と考えると、表面的な道徳だけではなくて、やはり、宗教教育まで踏み込まないと、その高次な理由が説明できないと思うんですね。

幸福の科学では、『あの世には心しか持って還れない』と教えます。そうすると、『受験で成功し、この世界で勝利さえすればいい』という単純な結果主義の考え方に対しては、『それだけではいけないよ』と言えますよね。

なぜなら、そういった地位や財産、名誉といったものはあの世に持って還れない。『心の中に、どれだけ愛の心を持っていたか。あなた自身がどれだけ努力して、この人生修行の中で智慧を蓄えたか、偉大なる精神力をつくりえたか』といった点が重要であることは、やはり宗教でないと教えられません。

ですから、『ひたむきに努力できる心。それが身につくことがうれしいことで、一流の人物は皆、仕事や努力自体を楽しみにしているんだよ』と授業でも話しています。

私自身、コツコツ努力し続けると、どれだけ人間が別人のように変わり、偉大な事業をなせるかについて実感しているので、根本的に生徒を自助努力型の人間に変身させていくという授業を行っています」

ただ、教えを理念として学ぶだけでは、宗教の学びとしては十分ではない。教えを、具体的に実生活の中で実践できるようになるためには、授業の工夫が欠かせない。

「生徒に『授業で聞きたいテーマ』をアンケートしたんです。その結果、ニーズの強かったテーマは『勉強法、本物の自信のつけ方、人間関係の悩み解決』でした。そこで、まず勉強の仕方について教えてもらいたい生徒と先生の名を全員に投票してもらいました。そのうち4票以上あった12名について私が取材し、そのノウハウを授業で取り上げました。

やはり学力の高い東大可能圏レベルの生徒は、それなりに成功法則をつかんでいるんですよ。そうした身近な例を取り上げ、勉強の仕方を学ぶ授業は非常に評判がよくて、多くの生徒から『本当は聞きたかったんだけど直接自分では聞けなかった』『知りたかったこ

とを教えてくれた』と感謝されました」（鈴木教諭）

幸福の科学では、勉強も大事にしているが、仕事もできる人間を創ることも目指している。鈴木教諭は、「優先順位のつけ方」や「嫌なことから逃げず、正面から向き合う方法」、「時間の使い方」など、ビジネスマンが新人研修で受けるような内容も扱った。その授業を聞いて成績を急上昇させた生徒も多かったという。

青春時代特有の悩みが解ける

高校1年生の原山隆史《たかふみ》くんは、この宗教科に魅力を感じて入学を決意した一人。

「自分の悩みを解決できる授業が多いので、すごく共感できますね。特に勉強や、自分のコンプレックスについてなど、青春時代ならではの悩みが対象で、先生も『いま自分が青春時代を送っているなら、こう思いますよ』って、僕らの世代に分かりやすく教えてくださいます。そして、授業で学んだ言葉をもとに自分を反省していると、やる気や希望が出てくるんです」

同じく高1の石見《いわみ》奈々絵さんは、2学期の授業で心の悩みが取れ、前向きに努力できるようになったという。

「私はずっと、『自分は平凡だ』っていう劣等感を持っていました。『この学園に入れば何か変わるかな』と思っていたんですけど、やっぱり学園でも頭の良い人は成績も良くて、『自分は普通なんだ』って思っていました。その時、『若き日のエル・カンターレ』をテキストにした授業で、『総裁先生も、最初は自分の平凡性に悩んだ』ということを教わり、『まわりの友達も同じことを思っているんだ』ということが授業で分かったんです。それで、『自分もやればできる』という感覚を思い出せたんです」

石見さんは、宗教科の授業で「平凡から抜け出すには、努力・忍耐・継続が必要」と学び、自分にそれまで足りなかったものを発見した。と同時に、将来の目標がはっきりと定まった。

「その時、涙があふれて止まらなかったんです。自分は、夜中まで勉強していたんですけど、それを言い訳に、授業中眠くなって居眠りしていたこともあったんです。それを自分はすごく軽い気持ちでとらえていたんですけど、入学式で、学園の先生方が涙を流して私たち第1期生を受け入れてくださったことを思い出して、『これじゃいけない』って思ったんです。『自分はなんてことをしていたんだろう』という後悔と、『今まで支えてくださっていた人がいたんだ』という感謝の入り混じった涙でした。そして『授業中は寝ない』って決意して、授業に集中できるようになりました」

それでも、その情熱が薄れてしまうときもあるという石見さん。そんなときは、友達に相談するという。すると、その友達も同じ境遇だったり、経典で良い一節を読んでいて、参考になる言葉を教えてくれたりするという。

「普通の学校だったら、まずそんな相談できないし、夢を語っても『すごいね』で終わってしまいます。ここでは、夢を持っている子が多いし、まだ見つけていない子も真剣に自分の話を聞いてくれます。みな修行の途中ですけれど、お互い高めあえるし、学ぶことの多い人がたくさんいます」(石見さん)

3学期から、高校の授業は、発展の法に属する大川総裁の『希望の法』をテキストに、「学校で教えない成功法則」に入る。テーマとしては、信用の大切さ、金銭的な豊かさについての正しい見方、結婚相手の正しい選び方、人間関係をよくする方法などが取り上げられる。

先ほどの原山くんは、「とても楽しみです。『希望の法』には、今のうちから実践しておいたほうがよい成功の秘訣や、ストレスやウツへの対策なども載っているし、今後人生で壁にぶつかったときに、突破できる内容になるんじゃないかなと思います」と期待する。

鈴木教諭は語る。「他の宗教系の学校でも、『宗教の時間』が一番つまらない時間だったりしますが、『それだけは絶対にさせないぞ』という決意を持っています。むしろ、『宗教科を学びたい』と思って幸福の科学学園を受験する子が続出するような授業にしたいです

『幸福の科学学園生徒心得』

学園創立者　大川《おおかわ》　隆法《りゅうほう》

一、常《つね》に信仰心《しんこうしん》を大切《たいせつ》にし、目上《めうえ》の者やお互《たが》いに対《たい》する礼儀《れいぎ》の心を忘れないこと。

二、他人《ひと》への悪口《わるくち》、不平不満《ふへいふまん》、愚痴《ぐち》を抑《おさ》え、自《みずか》らの心を磨《みが》くことをまず心がけること。

三、あなたを取りまく環境《かんきょう》は、あなた自身《じしん》の心の鏡《かがみ》に映《うつ》った世界である。あなたが善人《ぜんにん》になれば、周《まわ》りは善人ばかりになり、あなたが素晴《すば》らしくなれば、周りも素晴らしくなってくる。

四、仏《ほとけ》の子としての自覚《じかく》を持て。自分が生かされていることに対し感謝《かんしゃ》の心を忘れず、自助《じじょ》努力《どりょく》、精進《しょうじん》、慈悲《じひ》の心、寛容《かんよう》の心、調和《ちょうわ》の心を創《つく》り上げていけ。

五、常に明るく、積極的《せっきょくてき》で、建設的《けんせつてき》な考え方を持て。その考え方が、仏国土《ぶっこくど》・ユートピアへの道を開《ひら》くのだ。

六、困《こま》っている人を見ては助け、悲しんでいる人を見てはなぐさめ、苦しんでいる人を見つけては、共《とも》に考え、励《はげ》ましていこう。

七、皆《みな》で一丸《いちがん》となって、素晴《すば》らしい学園を創《つく》っていくよう、努力《どりょく》、協力《きょうりょく》しよう。自己中心《じこちゅうしん》の人間にならず、力を合わせて、素晴らしい夢を創造《そうぞう》し、実現《じつげん》してゆこう。

以上

大川隆法総裁からいただいた「幸福の科学学園生徒心得」

ね。そして、本当の意味で世間の人々にも参考になるような、人格教育の教科書を作りたいなと思っています。経典の抜粋に加え、中高生向けの資料など、もう少し噛み砕いた部分のあるものですね。一般の方々にも普及できるような教科書を創ることを意識して、授業をしています」

中1宗教科では「しつけ」がテーマ

中学1年生の授業になると、さらに一層、授業は具体的になる。

中学担当の山田晃講師は「中1では、まだ『しつけ』が大切な段階にあるので、創立者の大川隆法総裁からいただいた、学園生にとっての信仰の具体化の指針である『幸福の科学学園生徒心得』を学び、実践していくことを中心に置いています」と言う。

例えば、第二条の「他人への悪口、不平不満、愚痴を抑え、自らの心を磨くことをまず心がけること」。

中1宗教科では、これをいくつかの段階に分けて授業を行っている。

まずは、愛の心で相手を見ること。

そのために、相手の良いところ、「仏性」という魂の奥底にある「仏の性質」が現れているところを発見し、指摘していく「素晴らしさの発見」というワークを行った。

まず4人程度の小さなグループになり、お互いに相手の素晴らしさを思いつくだけカードに書いて、それを交換する。10も20も自分の素晴らしさを指摘してもらえるのはありがたいことだ。みんなの顔から思わず笑みがこぼれる。

次に1カ月かけて、クラス全員の素晴らしさを発見してカードに書き、1カ月後にそれをお互いに交換するというワークを行った。40人からもらう素晴らしさは1人100個以上。自分でも気づいてない自分のよさに気づくきっかけにもなる。「クラス全員の良いところを探そう」という試みは、クラス全員への関心と愛を育む。

「悪口はなくならない。是か非か」でディベート

でも、それだけでは実際の言葉の調律はなかなか難しい。学園生のほとんどは素直な良い子なのだが、まだ未熟なこの年代では、意識せず言った言葉で相手を傷つけたり、傷つけられたりということもある。どんなに相手の良いところを見ても、悪いところも見えるし、言ってしまう。

そこで宗教科では、言葉を調えるために、「言葉の調律・実践シート」を作った。毎日、言葉の調律ができたかを振り返り、ラジオ体操のカードのようなシートに、○×をつけていく。これを3週間やって、自分自身の変化を振り返る。山田講師は語る。

「根本のところで相手を傷つけることの悪について理解し、仏法真理に基づいて、悪口をなくすためにはどのような配慮が必要なのか考えていきます。仏教の修行課題である『八正道《はっしょうどう》（正見《しょうけん》・正思《しょうし》・正語《しょうご》・正業《しょうごう》・正命《しょうみょう》・正精進《しょうしょうじん》・正念《しょうねん》・正定《しょうじょう》）』の『正語』、言葉の反省です。テーマとしても大きい。『言葉を発した時に相手を見る。相手の表情を観察する』とか。そういうのを実践する努力をした子もいます」

そんな取り組みの最中、授業で「どうしたら悪口はなくなると思うか」と問いかけたところ、「悪口はなくならない」と発言した生徒がいた。ほんとうにそうか？　宗教科では、次の段階として「悪口はなくならない。是か非か」というテーマでディベートを行ってみることにした。

まず、「ほんとうに悪口はなくならないと思うか」と生徒に聞いた。男子は、「悪口はなくなる」と思う子の方が多いものの、女子は半々。

次に、4人グループに分けて、賛成の立場、反対の立場で立論シートをつくり、その理由を考えさせた。特に女子には、自分の意見を言うことはできても、「相手の反論を予想し、それに対する反駁《はんばく》も考える」という部分が難しかったようだ。男子は、普段は子供っぽいものの、こういった理論構成には冴《さ》えを見せた。

そして、ディベート本番。「悪口はなくなる派」、「悪口はなくならない派」とも、悪口をなくすための努力の大切さは認める形で立論した。その上で、「修行によって悪口はなくすことができる。だからなくなる」という意見と、「人間は不完全だから、この世においては悪口はなくならない」という一般論の戦いになった。どちらも理論的には正しい。結果、ディベートとしての完成度でまさった「悪口はなくならない」派が勝利した。

「しかし、その主張そのものの中に、『悪口をなくす努力は大切』という主張があり、また校長からも、『一般論ではなく人・時・所を限り、この学園のこのクラスで、悪口をなくせるか、と問うた場合は、それは修行によって100パーセント可能である』という話を、教えも交えてしてもらったので、みんなでそれを実践していくことになりました。

ディベートは、悪口というものを根源的なところから考える良い機会になったのではな

いかと思います」（山田講師）

その後、中学生は、改めて「クラスから悪口をなくすにはどうすればいいか」ということを話し合い、発表をした。「毎日反省する」「普段から悪口を言わないよう気をつける」「クラス全体で気をつけ、注意しあう」「ストレスをためない」「相手の良いところを発見する」などの意見が出た。

「正語は難しいけれど大切だ」ということは、生徒に浸透していった。ただ、課題意識は根付いたが、問題は、こうした宗教修行の実践は時間が経つと意識が薄れていくところにある。

そこで宗教科では、冬休み中も、毎日の勉強や経典読書など、それぞれの戒を作って、できたかどうか毎日振り返り、○×をつけていく「戒へのチャレンジ7－7＋7シート」を作って実践を促した。その中にはもちろん言葉の調律を入れた生徒もいる。

「その実践を通じて、できた時の達成感をうれしく感じ、続けていくうちに習慣化してきた子も出てきました。傾向性を変えることなので、時間はかかりますし、一度では終わりません。でも、これからも角度を変えながらさまざま形でアプローチし、生徒たちが良い習慣を身につけていってほしいと思います」（山田講師）

◎宗教科の学年テーマとオリジナルテキスト

宗教科では、「仏法真理・基礎」として中1では「信仰と愛」、中2で「教学と修行」、中3で「真実の世界観と伝道」を学年テーマとして学び、「仏法真理・応用」として、高1で「人生と使命」、高2で「発展と繁栄」、高3で「個人の救済とユートピア建設」について学ぶ（高入生は高1時に3テーマ、高2時に2テーマをまとめて学ぶ）。そして、その学年の発達段階とニーズに合わせて、それぞれの教えを実践できるように工夫を凝らしながら、個別の授業を組み立てていく。

1学期には、中高とも、喜島校長自ら教壇に立ち、まずテキストに基づいて、幸福の科学の「信仰と愛」の教えの概要を学び、学生生活でどのように応用していったらいいかを考えていった。毎回レポート提出という授業だったが、次回に優秀なレポートの抜粋を紹介をすることで、生徒間での具体的な智慧の共有ができるような工夫がなされた。

宗教科テキスト

テキストを作成した宗教科の近藤義隆教諭は、「仏法真理に基づいて人生の課題に的確な判断ができる内容となるよう心がけました。イメージとして定着化してもらえるように写真選びに配慮しました。伝道師として世界中どこへ行こうとも、幸福の科学学園で学んだ仏法真理を基礎として、新文明、エル・カンターレ文明を開花させていくことを期待しています」と語る。

◎夢を見つける「夢研修」

幸福の科学学園では、4月の入学時にまず3日間のオリエンテーションのハイライトとして「夢研修」を行なう。自分の持っている夢を、まずあげられるだけあげ、それに優先度をつけ、夢が実現したときの自分の幸福、周りの幸福をありありと思い描き、その実現を仏に願う研修だ。

夢とは、自分の幸福だけでなく、他の人々の幸福をも願うものだという真理を、ここで学び、心に深く落とし込む。そしてみんなの前で発表する。

「世界中の人を豊かに、幸福にする企業家になる！」

「たくさんの人の生命だけでなく、心も救うお医者さんになる！」

「30歳までに高次元世界の存在を証明する科学者になる！」

「水泳でオリンピック選手になって、有名になって伝道する！」

次々に素晴らしい夢が発表されていく。みんな、自分だけでなく、多くの人の幸福に貢献するにはどうしたらいいかを真剣に考え、自分の夢と結び付けていく。

最後に、エントランス・プラザにある「希望の鐘」をみんなで一緒に7回打ち鳴らし、その夢を天に届ける。そうして、希望に胸を膨らませた新学期が始まるのだ。

大川賞精進賞を受賞した生徒の声

幸福の科学学園には、創立者の名前を冠した「大川賞」という生徒の表彰制度がある。大川賞には優等賞、向上賞、精進賞という三つの賞があり、各学年、各学期ごとに、優等賞は成績上位者3名、向上賞は成績が著しく伸びた者1名、精進賞は仏法真理面で精進した者1名を対象に与えられる。大川隆法総裁の寄附を基金とした奨学金も給付される。

中学1年2学期の精進賞を受賞した関川和春くんは、宗教科で男子の最高点であり、4月から一日も欠かさず「反省シート」をつけている精進の姿勢が評価された。

「宗教科の授業で一番印象に残っているのが、善と悪とは何かという、善と悪の定義です。また『勇気』についての教えです。そのなかで、『小さなことでくよくよして、自分や他人を責めている人は世の中にたくさんいるが、そんな暇があるなら、もっと人のことを幸福にしなさい。そうすれば、自分のことで悩んだりくよくよする気持ちはなくなります』という教えを知りました。それで、『今まで自分がしてきたこと、考えてきたことはずいぶん小さかったんだな』と思いました」（関川くん）

将来は画家になって、人を幸せにできる絵を描きたいと話す関川くん。美術部で高校生とともに、絵画の研鑽に励んでいる。

「普通の学校に行っていたら、せいぜい道徳の時間で『こういうことはしてはいけません』くらいで、『善とはこういうものである。悪とはこういうものである』『人を幸福にしていくことが大事だ』とは教えてくれません。

宗教科の授業では、先生から大事なことを教えていただけます。『今のぼくたちにとって、何が一番大切か。どのように生きていけばよいのか』ということがよく分かります。それに、宗教科の授業だけではなく、一日が始まってから終わるまで、学校でも寮でも部活動でも、同じ教えを学んで、『世界を良くしていこう』と頑張っている人たちと一緒だから、どんなことがあっても同じ善の方向に、向かっていけるんです。ほかの学校では、先生も生徒もこうした教えを教わっていないし教えてくれません。それが、この学園とほかの学校の大きな違いだと思います」（関川くん）

高1の藤森智博くんは、1学期、2学期連続して精進賞を受賞した。宗教科の試験とレポートが2学期連続学年トップで、特に2学期は寮の生活委員として、毎晩違った言葉で生徒に祈りや学習の意義について校内放送で語りかけ、学園の宗教性の向上に生徒の側から貢献している点が評価された。また、これは関川くんも同じだが、隣接する総本山・那須精舎での研修や日曜礼拝にも積極的に参加している点も評価された。

「この学園では、宗教の授業で、勉強方法や心構え、そして成功法則も教えてくれます。勉強の仕方は人それぞれですが、やはりそこには一定の成功法則があるし、勉強だけではなく仕事も貫く成功法則を授業で扱ってくださるのが印象的ですね。授業では、自分とは違う視点で真理を学べますし、他の生徒のレポートではっと気づかされることも多いですね」と藤森くん。

藤森くんは、幸福の科学の教えのなかでも、「すべての人の魂は、お互いつながっており、主ともつながっている」という「生命の大樹」の教えに心打たれるという。

「努力すると言っても、自分のための努力では、空しい感じがするじゃないですか。自分だけが成功するなら、正直平凡な人生で、平凡に家庭を営んで暮らせればいい。他の人を幸せにしようと思うから努力できるんじゃないでしょうか」

藤森くんがふだん心がけていることは、二つあるという。

「一つは将来に向けた着実な努力です。仏法真理の学びもありますし、英語や数学の勉強もあります。それは受験勉強でもありますが、それを超えたものでもあると思っています。

もう一つは、日々の生活のなかで、どうすれば、学園がもっと総裁先生の理想にかなう方向に進んでいけるのか、良くなるのかを考え、行動しています。学園は、次に来るエル・カンターレ文明を担う人材を輩出する礎で、自分たち第1期生が理想の伝統をつくれるかどうかがとても重要だと思っています。次は関西校の計画もありますし、ここで一つの学園モデルのようなものをつくることができれば、それをいろいろな学校に輸出でき、そこで別の形に変わって広まっていくと思います。いままでにない、新しい進学校のあり方を提示できればいいなと日々考えています」

寮生活を通じた信仰生活指導

真なる自立心と友情を育む全寮制

こうした、〝未来の大鷲〟を育てる幸福の科学学園の信仰教育を支えているのは、学校だけではない。全寮制の学校である以上、寮もまたその教育を担う重要な舞台だ。

男子寮の神野智《さとし》寮監長（ハウスマスター）はこう語る。

「寮全体が〝大きな家族〟と考えています。寮生活を通して学んでほしいことは、集団生活をする意味ですね。自分の好きなように生活するのではなく、お互いが思いやり、ルールに基づいてそれぞれ与えられた仕事をしていくということを学んでほしいです。

同時に、生涯にわたる友達をどれだけたくさん作ることができるかも大事だと思います。寮の中でお互い助けたり助けられたり、支えてくれたり、悩みを聞いてもらったりする中で、絆を深め、たとえ将来、自分がブラジルやアフリカにいたとしても、『元気にやっているか？　君の声を聞くと元気になるよ』と互いに励まし合える人間関係を深めてほしいと思っています」

那須本校の寮は、中学1年から高校2年までは同学年の二人部屋。高校3年からは一人部屋となる。二人部屋が学期ごとに部屋替えされ、4～6人でチーム、5～6チームでファ

中学１年から高校２年まで過ごす
二人部屋

ミリーとなる。男子寮・女子寮、各一人ずつ生徒から選ばれる寮長のもと、週1回、男子・女子寮合同で、寮長・ファミリー長会議を行い、各種寮行事などが企画・運営されている。

このように、生徒の自治を大切にしつつも、男子寮・女子寮とも、寮監長（ハウスマスター）・寮母夫妻と20代・30代のハウスペアレントがおり、彼らが学園生の生活を支えている。

ハウスペアレントは、生活指導や学習指導も行う、いわば寮生の兄、姉がわりの存在だ。寮スタッフの毎日は忙しい。早朝は、寝ている者を起こし、準備をさせて送り出すのが一仕事だ。その間も、部屋作務や食事などの一つひとつがきちんとできているか指導する。単に形だけではない。それら一つひとつの当たり前の事柄の中に、どれだけ「次の人が使いやすく」という思いやりの気持ちを込めて生活できるかが大事なのだ。

健康チェックも行う。頭痛や喉の痛みなどを訴える生徒に対しては、担任や養護教諭と連絡を取り合いながら、学校に行かせるかどうか判断する。

夜はまた、一人ひとりの学習支援や洗濯の指導はもちろん、入浴のチェック、在寮確認など、生徒を細やかにケアする仕事が続く。

通常のこうした仕事に加え、生徒たちは学期のはじめにハウスペアレントと面談する。ペアレントは、生徒たちが、今学期の目標・テーマを実現できるように応援する役割だ。

学習だけではなく、心の面もフォローする。課題が見えたら、それを克服できるように親身に相談に乗る。

こうしたスタッフの献身的な支えもあって、ある男子中学生の保護者は「正月に息子が帰省した折、家族で外食をしたら、ちょっと空いた時間に英単語の勉強をしているんです。こんな息子は見たことがありませんでした。学園に入って成長したなぁと実感しました」と寮スタッフにお礼を語ったという。

女子寮の阿曽義行寮監長は、「子供たちの仏性が輝くように、個性が花開きますように、という思いを込めて、一人ひとりに声をかけています。多感な時期であり、悩みの相談もたくさん受けます。悩みの解決に何日もかかる子もいますが、ほとんどは翌日には明るく元気に登校して行きます。毎朝、名前で呼ぶと、『自分のことを気にかけてくれている』と、ぱっと顔が明るくなります。保護者からお預かりしている大切な生徒です。生徒が向上していくのを見るのはうれしいことですね」と話す。

12歳や15歳という年齢で親元から離れて全寮制の学校に来るということは、保護者にとっても、生徒にとっても、期待と不安が入り交じることかもしれない。しかし、その孤独に打ち克って、自立心を獲得したとき、生徒の魂は、一段と飛躍するのも確かなのだ。

幸福の科学学園の寮の特色

幸福の科学学園の一日の流れは、左の表の通りだ。

また、朝食・夕食当番、休日作務があり、朝食・夕食当番は1週間ごと、休日の作務当番は、2~3カ月に一度ほどまわってくる。その中でルールに基づいて、責任を一つずつ、果たしていく。

これだけを見ると窮屈なスケジュールに感じられるかもしれないが、ある寮制の進学校から幸福の科学学園高校に入学した西原瑛秀《あきひで》くんはこう語る。

「生活時間は、前寮とあまり変わりません。礼拝時間が入る分だけ違います。しかし、この礼拝時間が一番自分を成長させています。ただ机に向かうのではなく、祈りや反省後、

【寮生徒の一日】

6:30~	起床
	朝食・作務
8:00~	登校 朝の祈り
8:40~	始業
8:40~9:30	1限目 授業
9:40~10:30	2限目 授業
10:40~11:30	3限目 授業
11:40~12:30	4限目 授業
12:30~13:20	昼食
13:20~14:10	5限目 授業
14:20~15:10	6限目 授業
16:00~18:30	部活動・自由時間・学習
18:00~	夕食
19:15~	夜の祈り
19:30~20:30	夜学習
20:30~21:30	夜学習
21:30~	自由時間
23:00~24:00	消灯・就寝

内容や時間帯を自由に工夫できるので楽しみもあります。その分、集中力も増しているように思います。自由時間に先生方に質問できることも学習を一層充実させています」

幸福の科学学園では、夜最低2時間は勉強と決まっているが、それ以外の時間の使い方は自分で決めることができる。本を読んだり、音楽を聴いたりすることも可能だ。もちろん自分のペースに合わせて、さらに長時間勉強していくこともできる。

寮制学校における「自由と規律」の問題は、難しいテーマだが、幸福の科学学園では各自の才能を開花させるために、規律は最小限度にとどめている。洗濯や入浴は、聖黙学習時間や消灯前を除けば、放課後は原則いつでも可能である。土曜の夜と日曜の日中は自由時間。週末も平日も、届けさえ出せば1時間に1本のバスで市街まで買い物に行くのも自由だ。

伊藤和恵養護教諭は「生徒は親元を離れて過ごしていますので、少しでも不安を軽減できるよう、心がけています。病気になった場合は、体だけではなく、その奥にある心も一緒に見ています。疲れていて無理を重ねていたり、落ち込んでいたりといった、病気を引き起こした原因を見つめて、保護者の方と連携して対処しています」と話す。

また、公立小中学校でのスクールカウンセラーとしての経験も豊富で、幸福の科学学園では「こころの相談室」も担当している深尾廉子養護教諭はこう話す。

「やはり新しい環境下ですし、人間関係や勉強の悩みを抱えている子はいます。そうした生徒の話をていねいに聴いて、『生徒が心の底で思っている〝本当はこうしたいんだ〟という思い、仏性を引き出せれば』と思って接しています。また、この学園は心を見つめる大切さについて教えていますから、『自分の心の傾向性』についてストレートに相談する生徒も多いです。これは他の学校に比べると特徴的かもしれません」

イギリスの日本人対象の寮制学校で、教員を務めた経験のある内山弘定教諭（理科）は、

「この学園は、寮スタッフと教員がとてもよく協力していると思います。まだ立ち上げの段階で、ルールは制定しつつある段階ですが、上級生が下級生を圧迫することもなく、生徒のコミュニケーションもうまくいっています。生徒が相部屋で暮らすことも、『相手を理解する』という上で、とても良い経験で、外国に行って必ず役に立ちます。学園で育った生徒にはぜひ世界で活躍してほしい」と期待する。

心を育てる食育指導

学園生が夕食前に唱える「幸福の科学学園・夕べの祈り」は、大川隆法総裁から下賜されたものだ。そこには、

「夕食をいただくにあたり、

両親や家族の皆様にも、
感謝・報恩の思いを忘れず、
学園のために尽くしてくださった方々の、
幸福を祈りつつ、
おいしく食べさせていただきます。
食物にも感謝し、
健やかに成長することを誓います。」

という一節がある。

この、大事な食事を支えているのが、株式会社ハートフルキッチン。経営理念は、「新たな食文化を創造し、食事の提供を通して、人々の魂と身体《からだ》に、健康的・幸福的・発展的エネルギーを供給することを使命とする」というものだ。「美味《おい》しい」と、生徒たちはもちろん、訪れる人々にも評判が良い。

実は、社長の小原隆由氏は、元幸福の科学職員。以前は、栃木県にある総本山・正心館や総本山・未来館で2001年まで厨房を務めたのち還俗《げんぞく》し、その後コンピュータのソフトウェア会社を経営。そんな折、幸福の科学学園の厨房運営を依頼された。「学園生の食育のために、全人生を捧げよう」と2009年3月、この会社を設立した。「ハートフルキッチン」の名前には、「ハートフルで人思いな、お母さんのような気持ちで接していこう」という願いが込められている。

「以前は中学校の教師を3年間務めていたこともあり、学校には縁がありました。厨房の会社を立ち上げると聞いて、『自分が経営者となったほうがいいのでは』と思い、今まで経営していた会社は社員に任せ、新たに出資して会社をつくり、社員を集めました」（小原社長）

小原氏の懸命の呼びかけにより、一流の調理の技術を持つ厨房スタッフがオープン時5名そろった。調理師・栄養士の資格を持つ者も多く、「学園を支えるために」と志を抱き、全員那須の地に移り住んだ。

同社の社員心得は次の通りだ。

一、食材とは人類に与えられた大自然の恵み、生命の糧です。
　仏の慈悲と動植物の命の布施に、心から感謝します。

二、調理とは、大自然の恵みに「愛情」と「手間」を施し、「食材」をご馳走に変える知恵です。今口も「心の調和」と「技術の向上」に努めます。

三、調理師とは、食事提供を通じ、人々を幸福にする伝道師です。
四正道（愛・知・反省・発展）で、心技を磨き、料理に込められた私の真心が、広がって花開くことを信じます。

この言葉を毎朝社員は唱和している。

小原社長は言う。

「保護者様のご子息を想う愛情には及びませんが、その想いを受け代わって、生徒の皆様の幸福を願って、毎食食事を作らせていただいております。

偏りなくさまざまな食材を食べる機会を作るために、弊社では一日40品目提供していきます。ハンバーグやカレーなどもありますが、中には秋刀魚《さんま》を丸ごと出したり、骨付き鰺《あじ》を出したりします。子供がすぐに喜ぶメニューではありませんが、酸味や苦味も経験しておかないと大人になって味覚がだめになってしまいます。

そうしたものもなぜ食べなければいけないのかと言えば、『自分の身体は自分だけのものではなく、仏からいただいたもので、健康に良い物を食べて、心境を維持して、人のためにお役に立つんだ』というベースがあるからです。それを生徒さんにも意識していただきたいし、こちらも意識していきたいと思います」

家庭科の初森眞由美教諭は、「女子生徒はダイエットに関心がありますが、単に『食べなければ痩《や》せる』というのではなく、バランス良く食べることの大切さを授業で話しています。また、男子生徒は、どういう食物が筋肉をつけるのによいか知りたいという声が多いので、栄養学の観点から、そうした内容も指導しています。ハートフルの方とは、連携しながら仕事をしていますね」と話す。

ハートフルキッチンの食材は地元から調達。米は主に美味で定評の栃木産を用い、野菜は地元・黒磯市の総合市場から入手。卵は、那須御養卵《なすのごようらん》という那須では有名な卵を用いる。地産地消の観点からも、地元からも大変喜ばれている。

「食育は、体だけでなく心を育てること。汚れているのを見たら、自分からテーブルを拭くのが大事です。見て見ぬふりをするか、気づいたら自分が拭くかが、世の中を救うか救わないかを分けるポイントになる。小さいことだけれど、ゴミが落ちていることに知らんぷりするかどうかが勝負ですね」と小原社長。

先日、チアダンス部の女子生徒たちが、食事を作っているスタッフに、その日、試合用に弁当を作ってくれたお礼のために、一列にパーッと並んで「いつも、おいしい食事を私たちのために作ってくださってありがとうございます！」と言いに来てくれたという。こうしたことも、広い意味で

小原社長（右から２人目）と、
ハートフルキッチンの厨房メンバー

の徳育・宗教教育に含まれるだろう。

厨房は、寮生活の中でもライフ・クォリティの充実に大きな部分を占めている。「今後は厨房と生徒の連絡をさらに密にし、宗教学校ならではの給食スタイルを作っていきたい」と小原社長は目を輝かせる。

幸福の科学学園のいじめ防止指導

「いじめを許さない教師の会」会長として

さて、前章でも述べられているように、幸福の科学学園の創立は、日本中で起きている「いじめ問題」という教育界の闇がきっかけとなっている。

生徒指導主任の後藤克彦教諭（体育科）は、前任の山形県の公立校時代に「いじめを許さない教師の会」を発足させ、全国規模で活動してきた実績を持つ。

「2007年、いじめ問題が全国的に話題となり、さまざまな団体がいじめ問題に取り組みました。しかし、『いじめは学校で起きているのだから、まず教師が立ち上がらなくていけない』と私は思ったのです。当時そのような教師の組織はありませんでした。子供は訴える場がない。学校でも教育委員会でもなく、教師と保護者で作っていく会として、同年6月、全国初の試みとして、自ら教師の会を立ち上げたのです。『いじめを許さない』ことは、考えてみれば当たり前です。ですが、教育界では意外と、その常識が通用していないんです。いじめは100パーセント、しているほうが悪です。加害者がいけないのです。こういう教師のスタンスを浸透させるべく努力してきました」

この「いじめを許さない教師の会」は、その後、各所にてシンポジウムを開催。取り組みの中で、後藤教諭は「いじめ防止法」の制定を訴えた。この取り組みは山形県内に広く知られるようになり、その様子は地元のテレビや新聞などにも数多く取り上げられた。

２００６年、後藤教諭が自殺防止キャンペーンをしているとき、山形県内に住むある夫婦に出会った。その夫婦が語る事例は、後藤教諭の

後藤教諭の活躍を報じる2007年12月17日付(下)と2008年2月1日付の朝日新聞

心に刻まれ、以降、いじめ防止活動の際、何度も何度も訴えた。

——私たちの娘は、20年前に、21歳で自殺しました。なぜでしょうか？ 小学校5、6年のころに、娘はたった9人しかいない小さな小学校に通っていました。その間、無視をされ続けたのです。誰からも声をかけられなかったのです。

担任は、それを放置しました。中学校で、私たちは引っ越しました。そこは良い学校だったのですが、娘は不登校になりました。人間が信じられなかったからです。小学校5、6年で植えつけられた傷は、取れませんでした。高校へ行っても鳴かず飛ばずの日々。そして、21歳で自殺しました。最後の言葉は、「生まれてこなければよかった」でした——

「それを聞いて、私は涙しました。自殺防止キャンペーンをしていて、かなりの部分にいじめが関わっていることが分かりました。この女性は、直接的ではないけれど、小学校で受けた心の傷がもとになり、瞬間的に自殺を選んでしまったのです。フラッシュバックでしょうか。

ほかにも、山形県の高校で、2階から飛び降りて自殺した女子生徒がいました。それでも学校はいじめを認めません。この現状は、なんとかしなければいけないのです」（後藤教諭）

共有されている善悪の価値観

幸福の科学学園の教師は、全員、「いじめは許さない」という強い意識を持っている。そして校長以下、寮・事務職員一人ひとりに至るまで、全員の目で見て、少しでもおかしいと思われることがあれば即座に情報を共有する。

明確ないじめという形ではないものの、時に、いじめの芽、トラブルは学園生の間にも発生する。それは、24時間共に生活していれば、多少は避けられないことでもあろう。

しかしその情報がもたらされると、校長を責任者として、教頭と後藤教諭中心に即座にプロジェクトチームが組まれる。

プロジェクトを率いる小泉真琴《まこと》教頭は「生徒指導主任の後藤教諭と、一緒にチームを組んで、とにかく『すぐに』対応します。被害を受けた子たちからの情報を、すぐ取り、問題解決に当たります。そして教師も複数で対応します」と話す。

後藤教諭は語る。「善悪の価値観、善いことと悪いことが学園内で共有されていることがとても大きいです。『いじめ防止法』はあくまで対処療法で、いじめの根本治療は、やはり真の宗教教育です。この学園では、善は天上界につながり、悪は地獄界につながるという宗教教育を毎日行っています。『生徒心得』第六条にある『困っている人を見ては助け、悲しんでいる人を見てはなぐさめ、苦しんでいる人を見つけては、共に考え、励ましていこう』という教えを毎日意識していますから、いじめや問題行動は劇的に少ないと思います」

普通は、相手の悪い点を教師に知らせると、『チクった』などと言われて、知らせた生徒が悪いように思われている。しかし後藤教諭は、教師に知らせることは「良いこと」だと言う。「日本的な価値観では、仲間うちをかばい、そこから出ていく人をいじめるというのがよく見られるパターンです。しかし、そこには善悪の価値観がありません。

宗教的な観点から言うと、その悪を見逃していたら、その友達は地獄に近づいてしまうんです。『友達を不幸にしたくなければ進んで注意しなさい。注意できなければ先生に言いなさい。それは悪いことでもなんでもないのです』ということが、この学校では非常に生徒の腑に落ちています。この観点が、なかなか普通の学校では伝わらないのです。〝告げ口〟した人が逆にいじめられる。時には事実があいまいにされて、教師からもいじめられたりします。そうした光景を何度も見てきました。おかしな話です。真実を明らかにし、被害者を救い、加害者を罰する。これが本当の正しさであり、善悪という価値観で行動できる人、天国・地獄を分けられる人を育てることが、いじめ対策の根幹なのです。この学園は、そうした宗教教育をしています」（後藤教諭）

宗教的真理に基づいた「魂の教育」

ある土曜日の午後のカフェテリア・ラウンジ。1週間の勉強が終わった開放感とさざめきの中で、4、5人の生徒が、大川隆法記念講堂の御本尊の方向に向かって合掌し、声を合わせる。

「主よ、日々のご指導ありがとうございます。これより、感謝を込めて修行環境と心を磨いてまいります」

そう言うと、彼らは手に手にほうきや雑巾を持って、玄関ホールの床や靴箱を磨き始めた。幸福の科学学園では、これを「作務《さむ》」と呼んでいる。

本章でもたびたび触れられているが、作務とは、日々の環境整備も心の修行ととらえて、自分の心を磨くつもりで、感謝を込めてそうじ等を行うことである。学園では、信仰とは「感謝と精進」の実践であると教えられている。

その姿を見て、母親たちが目を見張る。

「びっくりしました。こんな姿は家では見たことがない」

その日は、3学期初の授業参観と高1の保護者会。昼休みの食事を取りながらの懇談会で、保護者たちが開校以来の1年を振り返り、生徒の変化を語り合う。

「中学時代は、短気だったのが、穏やかになり、落ち着きが出てきました」

「『自分の目標ができた。それに向かってどれだけ努力できるかやってみたい』と言っていました」

「当初はホームシックもあり、ストレスもありましたが、部活に勉強に前向きに取り組み、自分で乗り越えることができました」

「バスケットをやっていて、体も大きくなった男の子が、中学時代には言わなかったのに『ありがとう、ありがとう』と言うようになり、食事の後片付けも手伝ってくれるようになりました」

どの保護者も、精神面で逞しく、優しく育ってきたわが子の変化に喜びを隠さない。開校当初は、学校も生徒も初めてのことばかりで、多少の混乱や不安もあったものの、夏休みが明け、文化祭や合唱コンクールを経て一体感が強まり、10月以降落ち着いて勉強できる雰囲気もできてきた。

生徒からも同様な声があがっている。

「祝福の大切さを教えられているから、嫉妬が出てもすぐに反省が入り、足を引っ張り合うこともないので、落ち着いて勉強ができる」

「人間関係の行き違いから、時期苦しくなっても、早い段階で対処してもらえる」

幸福の科学学園では、定期的に、大川隆法記念講堂にて「『夢について』公案研修」「『将来について』公案研修」などが生徒向けに開催され、学園生は、精妙な磁場のなかで、自らの心を見つめる時間をとる。こうした研修で、夢や使命を発見した生徒も少なくない。

また、毎月7日の朝には、大川隆法記念講堂にて、全校生徒一同にて「七の日感謝祭」が行われる。そこでは大川隆法総裁から下賜された「幸福の科学学園・学力増進祈願」「得意科目圧勝祈願」「苦手科目克服祈願」などの祈願が、宗教教育の一環として順番に執り行われ、学業修行に打ち込む精進の決意と、主と両親、自分たちを支えてくださっている方々への感謝と報恩の誓いを深める機会となっている。

祈願導師を務める久保田暁《さとる》副校長はこう語る。「毎月、生徒と一体となって祈願を行い、主に精進を誓うことで、見えない世界からの支援、霊的な光をいただいていることを実感します」

＊　＊

現代の教育で一番欠けている、宗教的真理に基づいた「魂の教育」。

わずか10ヵ月という短い期間でありながら、生徒たちの心の中に、確実に仏法真理の種は蒔かれ、根をおろし、一人ひとりの人格を向上させつつある。

「徳ある英才の輩出」という理想に向かって、幸福の科学学園では、これからも生徒に仏法真理を教え続ける。

第3章

塾のいらない学校を目指して

第二次世界大戦後、公教育から宗教が遠ざけられはしたものの、１９７０年代までは、まだ公立にも権威は残っていた。それが今崩れてきているのは、本業とも言える「知識教育」「受験教育」の面においても、学校が塾との競争に敗れている面が大きい。

幸福の科学学園は、「塾や予備校の機能を内包した進学校」を目指している。それは、単に栃木県那須町という、地理的に塾に通うのが難しいということだけが理由ではなく、「塾のいらない学校」を実現することで、全国の教育改革のモデルとなり、学校の尊厳を取り戻したいという強い願いから発していることでもある。

もちろん、これは塾や受験産業を否定する趣旨ではない。家庭が裕福で、学校ではとても教えきれない、さらに高度な内容を学びたい生徒が塾に行くことは、構わないであろうし、塾産業の隆盛に反対しているわけでもない。しかし、多くの家庭で教育費の負担が家計を圧迫している現在、最低限、学校で高度な授業を受けられて、塾に行かなくても受験に合格できるような状態をつくることが必要ではないか、ということだ。

こうした「塾のいらない学校」を実現するために、開校1年目の学園の教師陣がどのような取り組みをしているのか、紹介してみたい。

英語

世界のリーダーとしての〝必修〟教科

英語はもはや世界共通語であり、国際人として活躍するためには、英語を抜きにしては考えられない。「世界のリーダーになってほしい」という強い願いから、幸福の科学学園では特に英語学習に力を入れている。

学園創立者の大川隆法総裁自ら、これまでに20回近くの英語特別講義や、英単熟語や文法、構文、英文解釈、英会話など、30冊以上のテキストを編纂、生徒は全員英語の教材として授業や自習用に活用している。

英検2級に合格し、昨年GTEC for STUDENTS（ベネッセコーポレーションによる英語運用力試験）で学年1位を取った武川祥子さん（高1）は「テキストには総裁先生の念《おも》いがとてもこもっているし、普通の教材と違って先生のニューヨーク時代の体験談などが入っていて、分かりやすいんです。それを受けて英語の先生方も心を込めて詳しく授業をしてくださるので、英語を頑張ろうと思えます」と語る。

高校の英語は3クラスを習熟度別に4〜5段階授業に分けており、最上位のクラスを担当しているのは英語科の坂本方斉《ほうさい》教諭。大阪で医歯薬獣医学部の専門予備校の英語主任を

5年務め、数多くの生徒を国・公立や私立の医学部に合格させてきた。常に、生徒の知的好奇心や向上心を喚起できるような授業展開を研究している。

「私自身、英語が大好きなので、『すべての生徒に英語を好きになってほしい』『英文の奥にある感動を伝えたい』という思いで、いろいろな角度で英語の魅力を伝えています。

また予備校の場合、生徒を『合格させる』というのが前提ですので、大学の入試問題を徹底的に研究します。私も大学の医学部なら1校あたり10年分、推薦入試にまで遡《さかのぼ》って研究しました。また、良問の多い東大・京大・阪大の問題は25年分ほど解いて、傾向はつかんでいます。生徒とは圧倒的な知識量の差があるので、学園の授業でも『ここ

大川隆法総裁作成の英語教材集

坂本教諭の授業風景

が出るんだよ』と、濃淡をつけています。入試の傾向と対策を踏まえて、問題作成者の視点で教えていますね」（坂本教諭）

坂本教諭は大川総裁編集のレベル別英単熟語集を使って、「英単熟語の飛び級式テスト」を実施。56級から1級（さらに上級者は最高15段）まであり、毎週生徒全員に確認テストがあり、自然と語彙《ごい》力がつく仕組みになっている。

板倉毬詠《まりえ》さん（高1）は『坂本先生はとっても熱心で、授業では『大学時代、英検1級に、自然に受かると思っていたら受からなくて、何回も勉強した』とか、自分の失敗談もさらけだしてくれて、自然に『語彙が大切』ということが分かります」と話す。学園に入って「将来、英語を使って仕事をする」という夢を見つけ、今では朝5時半から、英語の勉強をしている。

英検2次試験全員合格の〝快挙〟

幸福の科学学園では、昨年秋の英検までに、高校1年生の約半数が準2級（高2程度）、5名が2級（高校卒業程度）に合格した。中学1年生でも3名が2級、1名が準2級、3名が3級（中学卒業程度）に合格している。特筆すべきは、1次試験（筆記及びリスニング試験）に合格したすべての生徒が2次試験（英語面接）に合格したことだ。

この〝快挙〟について、英語科主任の田中禎《ただし》教諭はこう語る。「1次試験の合格者全員にレクチャーをして、2次試験までの間に3～4回、英語科教員全員で分担して面接のリハーサルを行いました」

現在英語科では、大川総裁寄附による高校1年生時のボストン・ニューヨーク、中学3年時のオーストラリア海外語学研修に備え、中・高各学年での合格目標を立て、放課後に4級から準1級まで、志望級別の「英検大勝利講座」を各教員が分担して実施。希望制ながら、数多くの生徒が受講している。そのかいあって、1月の英検1次試験では、高1生は新たに2級を9名が、準2級を24名が通過した。中1生は新たに3級を受験した17名全員が1次通過という大きな成果が上がっている。

この海外語学研修について、田中教諭は「海外に行くにあたっては、準2級レベルを押さえれば最低限のコミュニケーションは図れると思います。ただ、語学研修では、事前に準備して通じる体験、分かる喜びもあると思うけれども、その上にある、海外でなければ体験できない英語の世界を実感し、『通じない』『聞き取れない』悔しい体験も通して、英語学習への起爆剤にしてほしい。その悔しさをバネにして残り2年間を過ごせるという意

海外語学研修で訪れる予定のニューヨーク

味では、絶好のタイミングで研修を組んでいると思います」と語る。

なお、中学生も1年次から2クラスを3段階の習熟度別授業に分けており、中3時の海外語学研修に備え、英会話のアンソニー講師とともに会話表現なども学習中。リーディングや文法の副教材としては、人川総裁のテキスト以外にZ会の「ニュートレジャー」を使用。中2で中学範囲を終え、中3からは高校範囲に入る予定でカリキュラムが組まれている。

数学

「わかる・できる・とれる」のステップアップ

英語同様、中学3段階・高校4～5段階ときめこまかい習熟度別授業を展開しているのが数学だ。英語・数学は大学受験において重要であり、時間をかけないと伸びない教科だからだ。受験対策だけを考えれば、学校として私立文系に特化し成果を出すという選択もあるが、幸福の科学学園では数学を勉強することで身につく「論理的な思考力」「集中力」などを重視し、文系・理系とも高2までは週6～7時間の授業時間を確保している。

数学科主任の荒木辰哉教諭は「数学科で重視しているのは『わかる・できる（解ける）・とれる』の段階的レベルアップです。この方針は学園のどの教科でも一緒ですが、数学の勉強では、このステップが特に顕著に表れるからです」と話す。

「わかる」とは、理解すること。「できる（解ける）」とは、問題が解けるようになること。授業を聞いて分かったつもりになっても、実際に問題を解くと解けないことが多い。それは「わかる」と「できる（解ける）」が違うからだ。さらに、大学受験で合格するには、「（点が）とれる」、つまり制限時間内に確実に解答する力までが必要となるのだ。

高校数学最上位のクラスを担当する、元プロ家庭教師で医学部や東大受験生に数学を教え、数多くの合格者を輩出させてきた戸波《とわ》祐二教諭は「生徒や保護者が、数学について本音レベルで悩んでいることは、『点が取れない』ということです。ですから私の指導法は、『いかに点を取るか』から発想しています」と言う。

戸波教諭が編み出し、数学科として共有されている勉強の指針は大きく以下の3つ。

①**手を動かす**……苦手な子はよく「教科書・参考書を読み直したけれど解けませんでした」と相談に来るが、それでは解けるようにならない。手が動いていない勉強は、数学の勉強ではない。

②**毎日、誠実に解く**……数学はカンがものをいう教科で、たとえ数十年の経験がある数学教師でも、3日間問題を解かなければ解けなくなる。また、解く時は、上位クラスで伸び悩んでいる生徒にありがちな傾向だが、「ここから先は計算だけだから」と途中で止め

るのではなく、最後の答えまで自力できっちり出す努力をすべきである。

③**選びに選び抜いた問題集を3回繰り返す**……これが受験勉強最大のコツ。数学の勉強においては、教材の選択が致命的に重要である（戸波教諭がこれまで研究した数学の参考書・問題集は460冊以上。数学科ではこれらの中から選び抜かれたテキストを副教材として採用している）。

上位層も下位層も引き上げる独自の指導

戸波教諭の担当する上位クラスで大事にしているのは、単に個別の問題の解法を覚えるだけではなく、似たような問題が出ても解けるような、一段高い視点でまとめた解法を覚えることだ。専門的には「メタ解法（メタ認知）」と呼ばれる。

「センター試験ならそこまでは必要ないかも知れません。

戸波教諭の授業風景と数学学習フリント

しかし、東大や国・公立医学部クラスの2次試験となると、1問の中に複数の要素が組み合わさって出題されます。ですから、問題文を見て何を思いつくべきなのか、が重要です。今まで解いた問題をもとにまとめた解法を、一目で思いつくレベルまでトレーニングをしていないと、試験の現場では応用が利かないのです。予備校でもこうした解法は教えているでしょうし、塾のいらない学校を目指すには、そうした付加価値が必要だと思います」(戸波教諭)

また、数学は、得意・不得意が顕著に出やすい教科でもある。白土博之教諭は下位クラスの生徒の数学の学力を引き上げるのが得意だ。

「数学の成績の悪い生徒は、苦手と思い込んでいるので、そのメンタルブロックを崩すのが大事です。そのためには、毎週、確認テストを行い、基準点に達するまで何回でも再テストを行います。こうすると、繰り返し勉強している生徒は良い点数が取れるので、『自分は数学が苦手なのではなく、単に繰り返しが足りないだけなんだ』と気づくのです。こうしてマイナスのメンタルブロックが取れると『自分もできる!』と前向きになれます。これが、私の主張している『自助努力と心の法則を融合した教育・授業』です」(白土教諭)

数学では、中2から高校の範囲に入り、高2までに、高校数学すべてのカリキュラムを修了する。

学力向上のサイクル

競争や切磋琢磨《せっさたくま》を促す環境

これまで紹介してきたように幸福の科学学園では「わかる・できる（解ける）・とれる」の段階的レベルアップをベースに、すべての生徒の学力をきめこまかく伸ばす施策を実施している。ここでその施策をまとめておこう。

特徴の一番目は「英数先行型カリキュラム」。受験に特に大切となる英語・数学は中1から週6〜7時間あり、高2までに高3のカリキュラムを終え、高3では大学受験演習に特化する（なお文系・理系は高2から分かれ、私立文系志望者は高3時に数学を選択しないこともできる）。英語・数学は公立中学校の約2倍（新課程では1・5倍）の授業時間数で、選び抜かれたテキストを使用している。

また、きめこまかい「習熟度別授業」も特徴だ。習熟度は中学時2クラスを3段階、高校時3クラスを4〜5段階に分ける。このクラスは英語、数学ともに、定期テストごとに入れ替わる。

成績が一定以下の生徒などには「補講（指名制・希望制）」を実施。長年、個人塾で幼児から予備校生まで英語を教えてきた佐藤桂子講師は「今の公立中学校では文法を軽視しているので、再度基礎から教える必要があると感じています。英語の場合、授業で理解、『わかる』を押さえ、補講で覚える、『できる』『とれる』を押さえるようにしています」と日々の工夫を語る。

そして、英数は毎週「確認テスト」を実施。各習熟度別クラスの成績上位者は職員室前の壁に名前が貼り出されるほか、基準点に達しない場合、翌日・翌々日と基準に達するまで補講や再テスト・再々テストが行われる。

数学科の小椋一徳教諭は、「再テスト・再々テストも、答えが合っているだけではだめで、途中の式や解き方など、答えに至るプロセスもきちんと見ます。そのため、教員は同じ場所にいます。どんな生徒に対してもあきらめず、『生徒の未来を拓くんだ』という気概で行っています」と話す。

なお、名前が貼り出されることについては定期テストも同様だ。

この名前の貼り出しについて、進路指導主任の諸岡孝教諭（英語科）は、「今では名前を貼り出す学校は減ってきていますが、競争や切磋琢磨は善だという考えに基づいて信念を持ってやっています」と語る。

さらに、夜7時30分から9時30分までの2時間は、「聖黙《しょうもく》学習時間」。全員が自室やカフェテリアなどで静かに勉強することが義務づけられている。こうした安全で規則正しい生活を送れることが、全寮制学校で勉強する最大のメリットと言えるだろう。

規則正しい生活が学力向上の鍵

「学園の環境のありがたさは、夏休みや冬休みに帰省した時に分かる」と、多くの生徒が口をそろえて言う。ある高校1年の女子生徒は、「中学の時は、部活の終わる時間もバラバラで、夕食の時間も7時半だったり8時だったりで。そのあと疲れて寝てしまったりしていたけど、生活リズムが決まっているとこんなに勉強がしやすいんだなと分かりました。また、家だとテレビやいろいろな誘惑があるけれど、ここでは全くないから、勉強を頑張ろうと思えます」と語る。

また、大川賞優等賞第1位を入学試験時以来連続して受賞している戸波《とわ》大希くん（高1）は、「毎日必ず6時半に起きて12時きっかりに寝ます。寝る時間を決めておくと、ほかの時間に眠くならないので」と話す。戸波くんは、約47万人が受けたベネッセの模擬試験で、英数2教科で全国9位（偏差値86・7）、数学だけなら1位（偏差値85・8）。代ゼミのトップレベル模試でも、ラ・サールや開成などの難関校の生徒と並んで106位に位置している。

「塾のいらない学校」としての成果とは

生徒に努力を強いる以上、教師の側にも相当な努力が要求されることは言うまでもない。

まず、教師自身の学力向上のため、毎学期、教師にはセンター試験や有名私大、東大など国・公立2次試験が課せられ、一定点以下だと再テストが課される。生徒が受験する大学の、自分の専門科目においては知識や理解が万全でないといけないという判断からだ。

また、開校直後の1学期、まだ運営も固まらず、戦場のような忙しさにある中、泉理事長は「教師力養成研修（通称・教師塾）」をベテランから新人まで、全教職員対象に6回にわたって開催した。

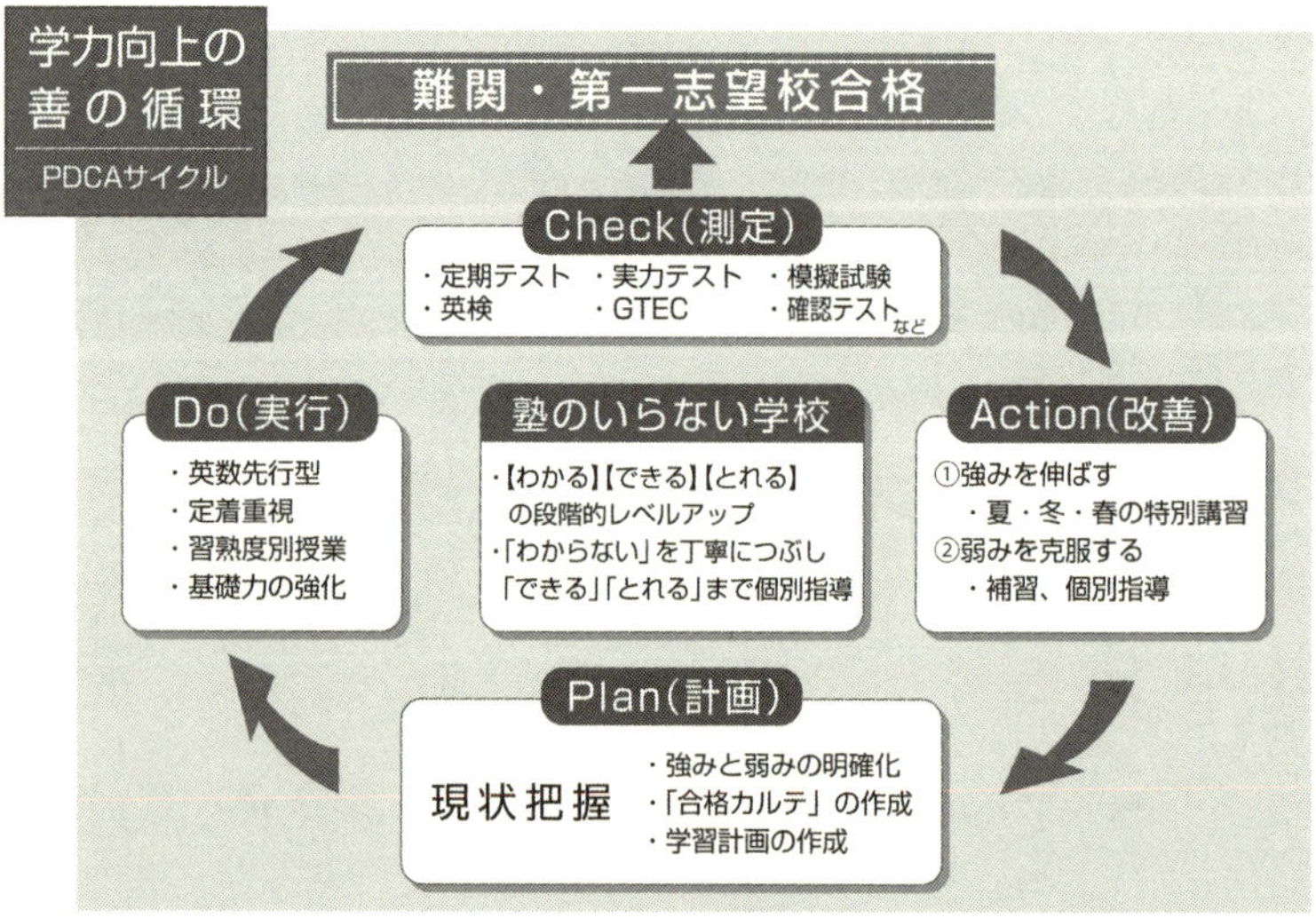

学力向上の善の循環図

「事前にどんなに準備していても、実際、学校が始まれば、当初の想定と違うことも多くありました。理想の教育とはどういうものか、今一度全教職員で共有したいと思ったのです」（泉理事長）

この研修では、①宗教教育、②塾のいらない学校、③創造性教育、についてそれぞれ扱われたが、その中で、「塾のいらない学校」としての成果は次のように示された。

成果＝授業評価（授業満足度）×偏差値伸び率×進学（合格）実績

「授業評価」とは、各学期1回匿名で行われる生徒による5段階の評価アンケート。この評価はもちろん教師の人事考課の一部にも使われ、平均4・0以上が一つの基準となっている。教員全員の順位がつき、下位の教師には、管理職からの個別指導やレポートの提出が義務づけられる。ハーバード大やマサチューセッツ工科大学など、アメリカの一流大学でも学生による授業評価は行われており、5段階評価で4点未満のスコアの講師は翌年度の契約が更改されないことが多いという。いわば「国際標準」の数字でもある。

また、授業評価には記述欄もあり、具体的な感想・改善要望も書くことができる。これは全教員に共有される。

授業力アップの公式

その授業力アップのための、幸福の科学学園オリジナルの公式が、

授業力＝人格力×内容（構成）×技術

である。

「わかる」授業の前提として、まず教師の人格が信頼されていなければならない。生徒の心をつかみ、励まし、感動をもたらす人格力を磨くためには日々の宗教修行・霊的な修行や、自分の担当する教科に関する深い掘り下げが欠かせない。

内容（構成）とは、50分の授業における「戦略」に当たる。具体的には、

①教科への憧《あこが》れをかきたてる
②教科を学ぶ意義を伝える
③全体像・テーマを示す
④深い知識を持つ
⑤生徒の知識の境界線（※）を狙う

※すでに知っていることと、まだ知らないことの間

⑥図や表などで比較する・違いを示す
⑦解法を普遍化・法則化する（メタ解法・認知）
の７点だ。

「技術」は授業における「戦術」に当たる。具体的には、
①視線
②表情・態度
③話し方
④発問・指示
⑤板書
⑥教材選択
⑦学級規律
である。

生徒の授業評価アンケートも、こうした方針に基づいて「授業に対する熱意」「授業の目的の分かりやすさ」「話し方の聞き取りやすさ」「板書の見やすさ」「生徒の参加を促したか」などの項目になっている。

教務主任（社会科主任兼務）の柄澤深志教諭は、「自分は学校だけでなく予備校講師を

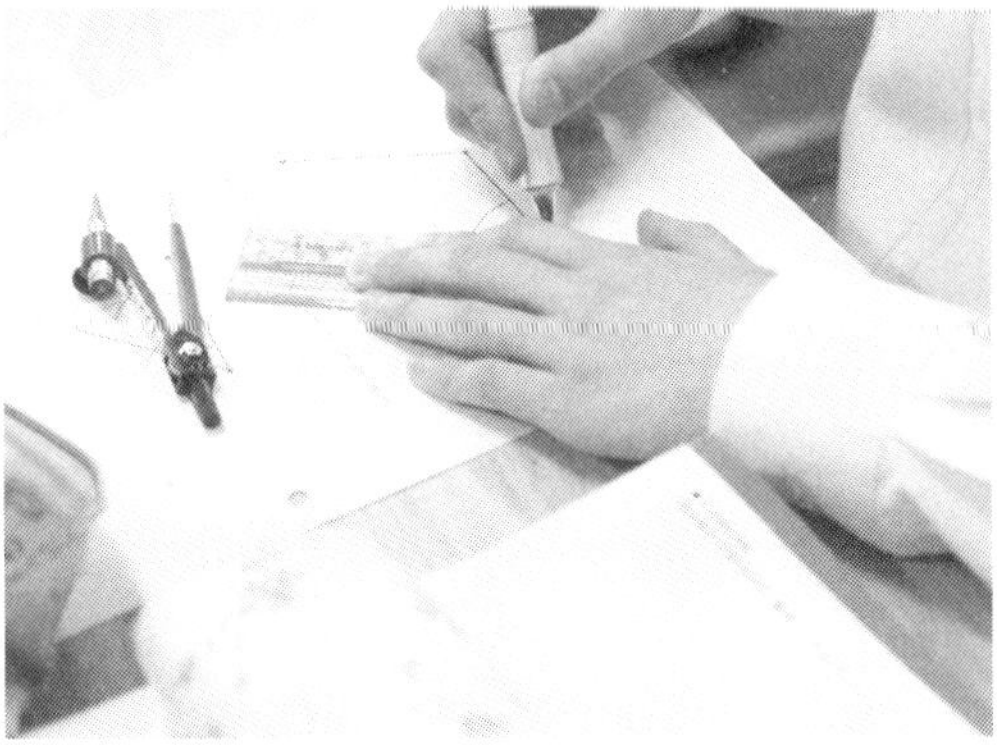

1年ほどやったことがあるのですが、こうした生徒の率直な声が分かる授業評価システムはありがたいですね。自分の改善点が分かりますし、良い評価をもらえばもっと頑張ろうという気になります。通常の学校でも授業評価アンケートはとりますが、記述式の欄はほとんどありませんし、数字も管理職がひそかに持っていて本人にフィードバックされないことも多かったので」と話す。

これらの研修はＤＶＤに収録されており、新しく配属された教職員も幸福の科学学園の理念と仕事論を共有することができるようになっている。

こうした大きな授業力向上の方針のもと、各教科の具体的な指導法については、外部の予備校の教師用研修への参加も積極的に推奨している。昨春大学を卒業した新人の野中靖介講師（数学科）は昨年末駿台予備校の『東大数学に特徴的な問題群への対応法』講座を受講。「学生時代から、どうしても幸福の科学学園の教員になりたいと強く願っていました。こうした場は、自分で勉強するより何倍も速く学べます。この講座に出てまだまだ問題研究が足りていないことに気づいたので、この講義を復習して自分のものにしたい」と語る。

一人ひとりにきめこまかい学習指導

また、通常、学校が進学実績を出そうとする場合、上位10％の生徒にのみ焦点を当て、残りの生徒にはあまり手をかけないことがあると言われる。それでも1学年が300人近くいる学校であれば、30人は東大などの有名大学に入る計算だからだ。

しかし、幸福の科学学園では、入学するにあたり、学力だけではなく徳力、つまり人間性も、面接などを通じて審査していることもあり、他の進学校に比べ入学者の偏差値の幅が広い特徴がある。そのため、幸福の科学学園では、文字通りすべての生徒にきめこまかい指導をし、それぞれの第一志望に進学できることを方針としている。具体的には、各人の偏差値を入学時に比べ10以上アップすることが目標だ。

前出の諸岡教諭は言う。「ここが勝負だと思っています。この思いが外れたらただの普通の学校になってしまう。この思いを持ち続けて一丸となって努力すれば変わると思います」

実際、この冬休みは、高校生希望者対象に「限界突破・目指せ30時間学習！」をスローガンに冬期講習を実施。朝8時40分から夜10時近くまで、主要5教科の教員が、交替で30講座を組み、9割の生徒が参加した。「講習は自分のレベルに合ったクラスを選べたから良かった」「自分のあやふやな知識を多く発見でき、どこから分からなくなったのかということがよく分かった」「普段なかなか通常の授業でできない演習中心に受けましたが、この3日間でかなり力がついたと思います。センター試験、2次試験、模試などさまざまな問題に当たれてよかったです」などの生徒の感想が寄せられた。

「まだこれは現時点のもので、毎年毎年無限の改善を重ねていきます。こうした積み重ねの結果が、進学（合格）実績として表れてくると思います」と喜島校長は語る。

国語

国語力は各教科の土台

それでは、ほかの教科の取り組みを見てみよう。

国語は、各教科の土台と言われる。

国語科主任の岡崎瑞恵教諭は、「国語力とは、『幹をつかみとる』力です。多くの情報の中から必要な情報を選択する力ですね。そして人に伝える時は語彙力が必要となります。学園では、朝読書の時間や長期休業の時に、本を読むことを勧めています」と語る。

なお、幸福の科学学園の校舎棟3階には図書室があり、約2万冊の図書が収められている。これら図書の費用は、大川隆法総裁からの寄附による。

高校書道も担当する内山恵利子司書教諭は、「学園生に対し、良書をたくさん読み、知性豊かで愛深き人間になってほしいという、大川総裁の温かい思いを感じさせていただいております。生徒たちは、読書によって心を鍛えられ、論理的な考え方ができるようになり、ディベート力も身についていきています」と話す。

高校の現代文（国語総合）を担当する真下精一郎教諭の授業はユニークだ。授業の冒頭、「速音読」と称して、教科書の文章約１８００字を３分で音読させる。

「センター試験では、評論文は６～７分で読まなければなりません。１分で約６００字を読むスピードです。こうした訓練を重ねると黙読した時も速く読むことができるのです」（真下教諭）

こうして目・口・耳を使って情報処理スピードを速めると同時に、手を使って、文章の要点を要約させる。まず、文章の形式段落ごとに筆者の一番言いたいことに線を引かせる。それを重ねたのち、意味段落（形式段落が複数集まったもの）の要旨を１００～１５０字でまとめるというものだ。「国語力とは要約力である」という言葉もあるほど、要約は大事であり、この力は東大入試などでも重視される。

ベネッセ模試で約47万人中、国語４２２位（偏差値81・2）を取った阿部愛珠《まなみ》さん（高1）は「普通、国語の授業って、先生がひたすら板書して答えを書いていくスタイルが多いんですけど、なぜそういう答えになるのか分からないことが多いんです。真下先生の授業は納得がいきますし、要約が早く終わった生徒には次の課題も用意されていて、時間が活かせるし、力がついているのを感じます」と嬉しそうに話す。
古典（国語総合）を担当する大杉真知子教諭は、いつでも生徒の質問に答える熱血派。女子生徒寮内にある大杉教諭の部屋はドアの代わりに暖簾《のれん》がかかっている（冬はさすがに寒いためドアを閉めているが）。「いつでも質問しに部屋に入っておいで」と気軽に生徒に声をかける同教諭の部屋の前は、定期テスト前になると女子生徒で行列ができる。
「もし私が生徒だったら、質問する時が本当に教えてほしい時だと思うんです。同じ寮に住んでいるのだから、隠す必要もないし、できる限り答えたいと思っています」（大杉教諭）
国語科では、副教材の選定にも注意を払っている。受験生に定評のある参考書を選び、現代文・古典の副教材に指定・推薦。授業では確認テストも行い、定着を図っている。

理科

未来産業育成のために理科は不可欠

宗教系学校は、一般に英語や国語が強いことが多いが、幸福の科学学園では、理科も重視している。

理科主任の岡崎賢成教諭は「宗教と科学は一般には別のものと考えられていますが、この学園では融合できるものと考えています。また、科学技術の発展というのは、人間を幸福にすることですから、それに寄与するという点で、理科の役割は非常に大きいですよね。世の中を豊かにするための発明に、理科は不可欠だと思います。また、文系の生徒も、人生の問題解決には、理科的思考は役に立ちます。また、将来の可能性を潰《つぶ》さないために、理科もしっかり学習しておいてほしい」と語る。

6年間前倒しのカリキュラムを実践している進学校は、ほかにも多いが、すべての教科を先取りすることで、生徒の負担が増し、息切れする例も多いと言われている。その失敗を避けるため、幸福の科学学園では、理科・社会はあえて中学段階では先取りはしていない。

その分、高校1年では全員が1単位増やした理科総合Aで化学を重点的に学び、その後、高2から化学に加え、物理・生物の選択授業が始まる。

高校の化学（理科総合A）を担当する半井《なからい》庸子教頭は、「この学園は英数先行ですから、しっかり英数の実力をつ

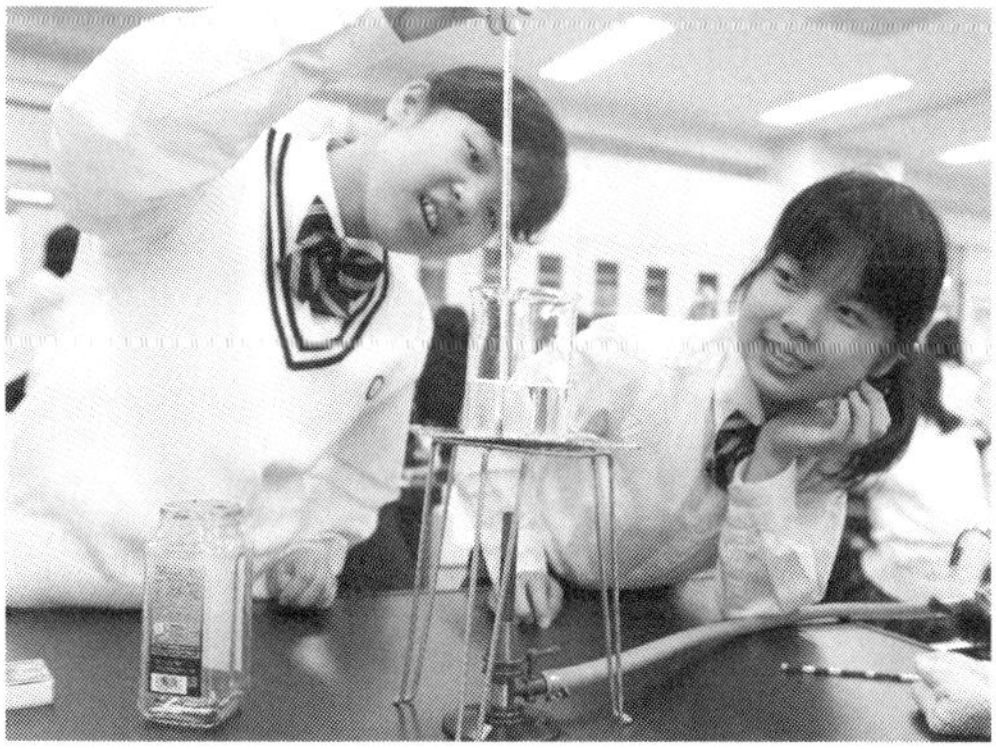

け、高2の後半から理科・社会の追い上げをするこのカリキュラムは理想だと思います」と話す。

理科教育の世界でも、「化学は理科系科目のキーであり、化学を勉強したのち生物を学んだほうが効率的に学習できる」と言われており、幸福の科学学園もその説を実践している形となっている。

「理系志望の生徒には、高1の今、Z会の『実力をつける化学　無機・理論編問題集』と『実力をつける化学　理論編問題集』を渡しており、『高2修了までに4回解きなさい』と言ってあります。高3に入ったら、東大や京大、国・公立医学部の赤本（入試過去問問題集）を解いていくので」（半井教頭）

半井教頭は、大阪府の進学校で18年間、高3の理系クラスを担当していた。冬休みになると、勉強熱心な高3生徒のヤル気に応えるため、元日前後の数日を除いて出勤し、朝8時半から夕方6時まで、生徒たちに教室を自習室として開放し、質問対応もしていた。教え子の多くは京大・阪大・国・公立医学部に進み、中には塾に通わず東大理Ⅲに合格した生徒もいたという。

また、日本は今、「新産業の育成」が課題となっているが、そのためには、理科や数学といった理数系の力が不可欠だ。物理を担当する内山弘定教諭は「これからは宇宙産業などの未来産業を開発し、日本の科学技術のレベルを大幅にブレークスルーすることが必要です。中高生が一足飛びにそのレベルに到達することはないかもしれませんが、『探究する姿勢』は身につけさせたい。将来、『ノーベル化学賞・物理学賞』を受賞するような子を育てていきたい」と語る。

社会

練り込まれた質の高い授業の秘密

最後に、教師陣の層の厚さを誇るのが社会科だ。

中学の歴史を担当する白石広行教諭は、授業評価が4・9点台という圧倒的トップを誇る。

その秘訣について白石教諭は、「学習指導要領で要求されているレベルでは歴史教育は不十分だと思っています。『塾のいらない学校』を目指していますので、塾で取り扱うもの、あるいは高校レベルのものも取り入れながら授業を構成しています。司馬遼太郎の小説やテレビの歴史番組などから、人物のエピソードを豊富に収集しています」と話す。

中学1年で大川賞優等賞第1位を2回受賞した、廣瀬直輝くんの大好きな教科も社会科だ。

「ホワイトボードだけでなく、パワーポイントや映像を使って、詳しく歴史の授業をしてくれるので、とても楽しみです」(廣瀬くん)

「生徒が点数を取れるためには、自分で学ぶ、自主自学にならないといけません。そのためにはその教科を好きにならないといけない。そのために授業で退屈させないこと」と語る白石教諭の授業力向上の鍵は「発問」にある。

その際、一問一答式の発問(いつWHEN・どこでWHERE・誰がWHO・何をWHAT)と、問題解決学習型の発問(なぜWHY・どのようにHOW:例「信長はなぜ天下統一寸前に倒れたか」など)とを使い分けるのがポイントだ。

「まず教科書の展開通りにパワーポイントを作成し、次に5W1Hに従って自分の適切な発問ができる順番に組み替えます。その中にこれまで収集したDVD教材を入

白石教諭の授業風景

れてさらに組み替えます。それができたら生徒の立場に立って、生徒の意識の流れをシミュレーションして、先の一問一答式の発問と、問題解決型の発問をどこで入れるかシミュレーションします。どこかで笑いも取らないといけませんので、どこで取るかも計算しています」と白石教諭。一回の授業には、学習プリント・パワーポイント・DVD教材の編集等をあわせると平均5時間準備をするという。

予備校講師との競争で鍛えられた授業力

続いては高校世界史担当の桜沢正顕教諭。前任校では、センター試験で生徒に満点を続出させたという実績も持つ。

「センター試験の正誤問題でも、単純に語句の丸暗記ではなく、歴史の流れや、別の地域とのつながりなどが縦横無尽に頭の中で整理されていないと、点数が取れません。この点は国・公立大の論述試験とも同じです」(桜沢教諭)

そのため、桜沢教諭のオリジナルプリントは、歴史の全体像が分かる内容になっている。またあらゆる入試問題に精通しているため、どこが入試問題に出るかのポイントが押さえやすく、普段の授業がそのまま受験対策にも直結している。

桜沢教諭の授業力は、前任校で、大手予備校から赴任した日本史の教師と、世界史選択者と日本史選択者のセンター試験や模擬試験の点数、入試結果を比較されたことで大きく鍛えられたという。

「結果的には世界史選択者のほうが成績が良かったのですが、その時、授業での説明を非常に簡潔で的を射た言葉に絞ることを心がけました。10ある言葉の中から、一番適切な一つの言葉を選んで話しています。その分、プラスアルファのエピソードを話したり、ＤＶＤを見たりする時間を確保できます。『興味が持てる』と『得点が取れる』の両方を実現するようにしています」（桜沢教諭）

昨年の冬期講習では、高1ながら高2時に受ける模擬試験の過去問を実施。学園の高校1年生の得点は全国の高2生平均を20点以上、上回る得点となった。

時事問題をしっかり教える

ところで、幸福の科学学園の社会科の教師は大きな使命を持っている。それは、場所的にどうしても情報に疎《うと》くなる傾向があるため、それを補わなければならないという使命だ。

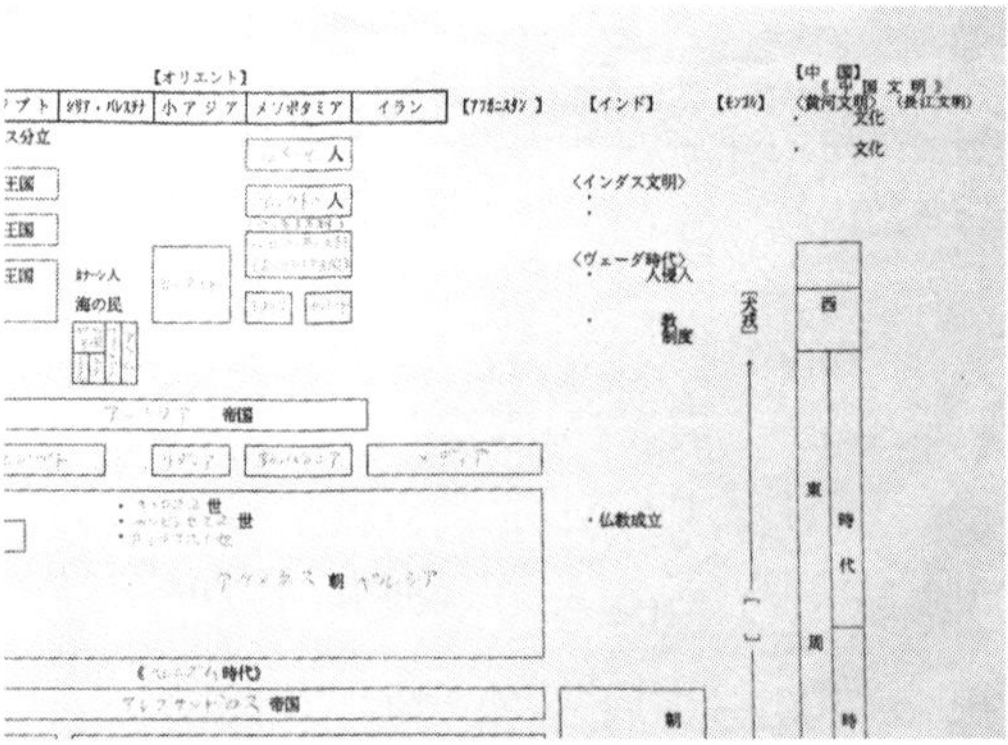

桜沢教諭の世界史オリジナルプリント

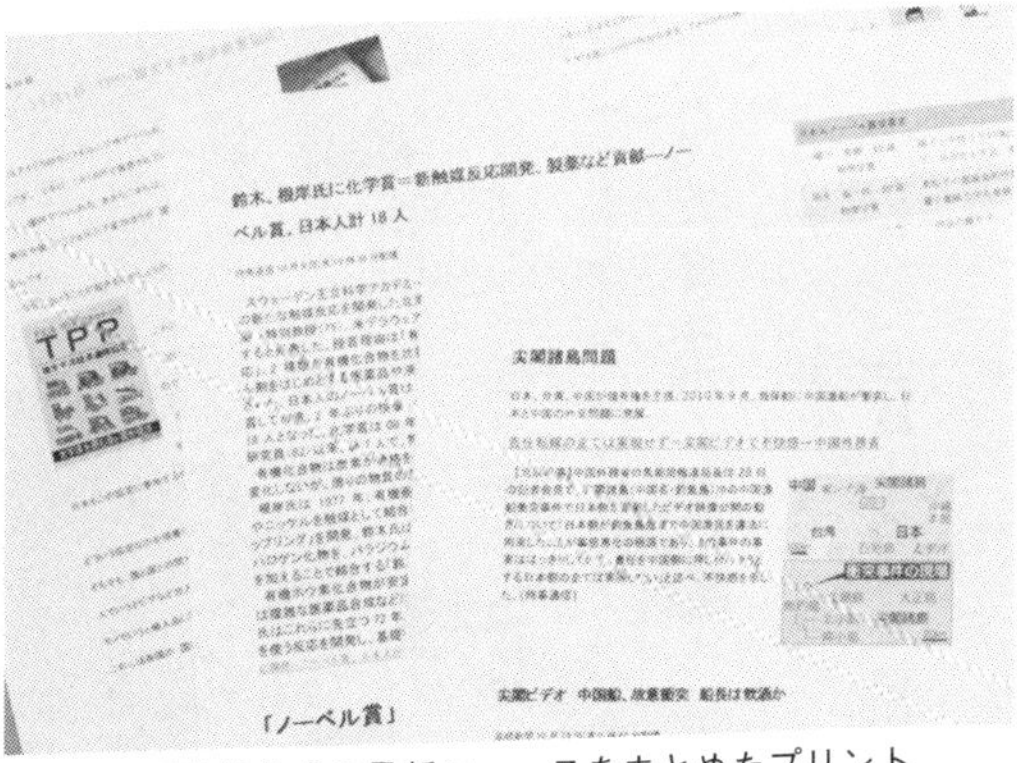

柄澤教諭作成の最新ニュースをまとめたプリント

社会科主任の柄澤深志教諭（高校公民担当）は、倫理の毎時間の授業で、最新のニュースをプリントにまとめて解説し、日本や世界で実際に起きていることにも目を向けさせる。

「時間的には10分ほどかかってしまうのですが、解説をすると、半分くらいの生徒は世間で起きていることを知りません。学校や寮にはテレビも新聞もあるのですが。こうした時事問題、例えば今だったら尖閣《せんかく》諸島で実際何が起きているのかをしっかり把握させ、定期試験の時にも出題します」（柄澤教諭）

同様の取り組みは白石・桜沢教諭も行っている。生徒からも「世の中のことが分かって楽しい」と大好評だそうだ。

２０１１年度からは、四国の有数の進学校で地理を教え、東大合格者を多く輩出させてきた教諭が赴任の予定。社会科の層が一層厚くなる予定だ。

学問を通じて世の中の役に立つために

こうした一連の「塾のいらない学校」を目指す上で、一つの北極星ともいうべきものが、創立者の大川隆法総裁発案による「大川賞」の存在だ。これは各学期ごとに選定され、各学年成績優秀者上位3名には「優等賞」、成績が著しく向上した生徒には「向上賞」が贈られ、奨学金が給付される（仏法真理面で精進《しょうじん》した生徒には「精進賞」が贈られる）。

「優等賞・精進賞ももちろんですが、成績の上がった生徒を表彰するという向上賞を発案されたことが、さすがは総裁先生だと思います。また、それを自然に祝福する学園の生徒も素晴らしいと思います」と進路指導主任の諸岡教諭。

各学期の終業式で行われる大川賞表彰式では、表彰された生徒によるスピーチが催されることもある。その発表の素晴らしさには、全生徒が感動し、祝福するという。

諸岡教諭は語る。「まず日本の普通の学校では考えがたい企画ですよね。合格実績だけでいくなら、他の私立がすでに成果を出しています。でも、そうした学校の生徒は、えてして志望校に合格することだけが目標になってしまうんですよね。教師の側も、進学実績を出すのは、結局、生徒のためというより学校のためになりがちです。幸福の科学学園では、勉強し大学に合格することは自分のためだけでなく、学問を通じて世の中の役に立つためであるということを、しっかり伝えていくつもりです」

２０１０年度の１学期の終業式には、大川隆法総裁が「勉強と心の修行」と題して、勉強する意味、具体的な勉強の方法などを生徒全員に対して講演された。

＊　　＊

そして、幸福の科学学園では、「世界のリーダー」養成のために、幕末の私塾のように、生徒全員が励まし合いながら切磋琢磨し、教師の指導も行き届く形で、自学自習すなわち「自修」できる環境をつくるために、３年目を迎える２０１２年春に「自修館」を増築する予定だ（イメージ図・次ページ参照）。

その中には６学年全員が入れる自習室、習熟度別や志望別の展開に必要な学習室、生活回りの設備が入ることになっている。

ソフト・ハードともに発展する組織を目指す幸福の科学学園。それを支えているのは一人ひとりの教師の熱意である。生徒全員の向上と教育改革の志を胸に、幸福の科学学園は今日も新たなイノベーションに取り組んでいる。

2012年春完成予定の「自修館」イメージ図

２Ｆカフェテリアから見た学習室

３Ｆ自習室（高校）

第４章

天分を伸ばす創造性教育

勉強がよくできる高学歴の人でも、社会に出ると実際は仕事ができないケースが多々ある。その場合、欠けているのはたいてい「勇気」や「創造性」である。

それは、特に、受験勉強に特化した訓練を受けてきた東大などの卒業生に多く見られる特徴でもある。勉強ができることは、仕事能力の基礎ではあるが、偏差値では測れない能力、偏差値を超えた能力があることも確かなのだ。

新たな価値を創造する「探究創造科」

新文明を創るリーダーを養成する

幸福の科学学園オリジナル学科である「探究創造科」とは、深い教養と問題解決・付加価値創造能力を兼ね備えた「新文明を創造するリーダー」を養成するための学科（総合的学習の時間）。

そのプロセスは、具体的には①人類の未来を拓《ひら》くために、自分は何ができるのかを考える、②そのために自分の興味ある分野を探究し、人類の限界（課題）を発見し、その限界

学　年	中学1年	中学2年	中学3年
時間数	2時間	2時間	2時間
授業内容	偉人を知る	日本を知る	世界を知る
	偉人学習、調べ学習、発表 自由研究、発表会	講義、課題設定、 調べ学習、体験活動、発表会	大学教員等による講義、課題設定、 調べ学習、体験活動、発表会

学　年	高校1年	高校2年	高校3年
時間数	2時間	1時間	1時間
授業内容	未来に目を広げる	自分に何ができるか	未来への挑戦
	大学教員等による講義、ディベート、 文系ゼミ·理系ゼミ、発表会	個人による課題設定、調べ学習、 体験活動、発表会	個人の探究創造活動 受験勉強

探究創造科の学習内容

突破の方法を「探究」する、③創意工夫や発明・発見でその限界を突破し、新たな価値を「創造」する、の道筋をたどる。その過程で、創造性・企業家精神を磨き、自分の夢・使命を見つけ、進路を決めることが目的である。

探究創造科主任の友田哲男教諭（英語科兼務）は、「探究科」で有名な京都の堀川高校で、校長らとともに探究科を創り上げてきた一人。

「中学1年生は『偉人を知る』をテーマに、自分の好きな偉人について調べます。自分はどのような人間になり、どのような仕事をし、どのような成功をしたいのかを学びます。惹《ひ》かれる偉人の中に自分の使命、宗教的に言えばミッションがあるからです。

中学2年生は『日本を知る』をテーマに日本文化について学びます。聖徳太子以降の日本の仏教史や、室町時代の能や歌舞伎といった文化、明治維新以降の殖産興業、科学技術の発展などを取り上げます。『日本の良さ』を歴史と現状から学んで、日本を発展・繁栄させる足がかりにし、世界に発信する学習をします。中学3年生は、オーストラリア語学研修も予定されているので、『世界を知る』をテーマに、世界のいろいろな問題をディベートで掘り下げていきます。同時に中学校の卒業論文も執筆していきます」(友田教諭)

「もし女子中学生がドラッカーを読んだら」

昨年夏、中1の1学期の探究創造科の授業でとりあげられた偉人は、仏陀、聖徳太子、ソクラテス、エジソン、ヘレン・ケラー、シュバイツァー、坂本龍馬、吉田松陰、福沢諭吉、松下幸之助、本田宗一郎、ピカソ、の12人。夏休みには、これらの偉人を1人選び、①その時代のどのような限界(課題)に直面したのか、②どのような新たな発想や苦労(努力)・勇気・情熱を持って限界突破したのか、③何を後世に残したのかについて、全員が大鷲祭《おおわしさい》で展示発表を行った。

2学期からは、各自が好きな偉人を選び、個人探究に入っている。

2学期に大川賞優等賞で第1位を受賞した細野愛実《めぐみ》さんが選んだのはP.F.ドラッカー。細野さんは「自分は、昔からキュリー夫人が好きで尊敬していたので、キュリー夫人について調べようと思ったのですが、最近ドラッカーに興味が出てきて。きっかけは『もし

中１生による探究創造科の展示発表（大鷲祭にて）

ドラ』（『もし高校野球の女子マネジャーがドラッカーの『マネジメント』を読んだら』）を読んだこと。ドラッカーの生前の著書はさすがに難しく読破できていません。でも、ドラッカーの生い立ちや、生前の功績についてもっと詳しく調べたい」と笑う。

日本広しと言えど、ドラッカーについて調べている中学生は、数は少ないだろう。

細野さんの夢はまだ明確には決まっていないが、学園に入ってから、「女性はもっと仕事ができること」を証明したいといううずきが出てきたという。

「この学園で6年間過ごせば、もっとはっきりした自分の目標が見つけられそうです」（細野さん）

探究創造科では、中学2年時は、日本の伝統についてしっかり学び、中学3年ではディベートを学び、世界のエリートと伍《ご》していく知性と教養を磨く予定だ。

好きな分野・興味のある分野に才能は眠っている

高校1年の1学期には、各分野の最先端で活躍しているゲストを招いて学ぶ。2010年度は、①宗教、②政治、③経済、④経営、⑤科学、⑥医療、⑦国際、⑧教育、⑨芸術の9分野。

鈴木真実哉 聖学院大学教授

2学期からは、学園の教師が、自分の得意な分野を教えるゼミ活動に入る。ゼミには①宗教、②政治（経済・教育含む）、③経営、④英語、⑤文学、⑥美術、⑦理科（物理・化学・生物・天文地学）、⑧数学がある。3学期からは個人別のテーマを決めて、論文を書き始め、高校2年の2学期に発表する。

これらの取り組みの根底に流れているのは、「好きな分野・興味のある分野に才能は眠っている」という考え方だ。実は、中学1年生と高校1年生の取り組みはスパイラル（らせん）状になっている。中1でまず、ロールモデル、理想像として偉人を学び、興味のある分野を探り、高1では、その分野で実際に活躍しているゲストから再び学ぶという仕組みだ。

進路選択を真剣に考え始める高校生にとって、この学科は、宗教科と並んで、絶大な影響を与えている。

1学期、経済分野で、聖学院大学の鈴木真実哉教授（経済学）の講義を聴いた、生徒会副会長の帽田博仁くんもその一人。その講義中「企業家になりたい」という夢が見つかったという。

「実は自分は理数系のほうが得意だったんですけど、話を聴いているうちに、すごいワクワクしてきて、それまで全然考えたことがなかったんですが、『僕の道はこっちじゃないかな』『こっちの方面で大成功を目指してみよう』って自然に思えて」（帽田くん）

小さいころからダンスも好きだったという帽田くんは、6月の体育祭や9月の大鷲祭でもその腕前を披露。大鷲祭で三冠を受賞した仏法真理劇でも主役を演じた。将来は「踊れる企業家」を目指しているという。

教育分野で、教育評論家の森口朗《あきら》氏の話を聴いた比江島ゆかりさんは「小学校5年生から中学3年まで、小学校の教師を目指していたんです。でも子供との接し方が分からなくて、その夢を諦《あきら》めていました」という。

教育評論家 森口朗氏

講演で、森口氏は、左翼的風潮に支配された学校の現状と、学校をよみがえらせることの大切さを訴えた。比江島さんの心を打ったのは、「良い子も悪い子もそのままでいい（君は君のままで良い）のだったら学校なんていらない！」という一節。

「『やはり、教師は生徒を向上させないといけないんだ』って、迷いが吹っきれたんです。それで再び教師を目指すことを決めました。学力の上がる、塾のいらない学校、いじめのない学校をつくりたいです」（比江島さん）

ほかにも、探究創造科のゲスト講師の話を聴いて、人生のビジョンが見つかったと話す生徒は少なくない。副会長の帽田くんは、「普通の学校なら、『偉い人』が来て話をしてくれても、本当に真面目な子でないと聴いていないし、ほとんどの生徒は話を忘れてしまう。この学園だと、講義が終わったあともそのことについて話しているし、本当にみんなすごいと思う」と話す。

友田教諭は「偏差値だけで大学を決めてしまうと、入ったあとに後悔します。一つの準備期間として、この探究創造科をきっかけに、大学で何を学ぶかという意欲を持たせたい。生徒の発表を聞いていると、発表力がついている。良いものができる予感がする」と語る。

10月22日には、創立者・大川隆法総裁も年間200回目となる記念の説法を、探究創造科の授業として行うため来校。「心と霊界の関係」と題して「探究創造とは、今まで『不可能だ。ありえない』と思っているようなことの中に、道を拓いていくこと」と、学園生に対し未知なる領域にトライすることの重要性を訴えられた。

7人の枠に17人が立候補した生徒会選挙

学園生の創造性の高さについては、初代生徒会長の柄澤悠《ゆう》くん（高1）も副会長の帽田くんと同意見だ。「普通の学校だと、生徒会が意見を出しても、ポツポツ質問があるくらいで、発言もないし、ある程度生徒会側が考えている流れに持っていけるんです。この学園では一人ひとりが個性が豊かで、意見を発することが恥ずかしくないというカルチャーができているので、なかなか自分の思い通りにはいかない。でもみんなが意見を発して、それを共有して成長できることはとても良いことだと思います」（柄澤くん）

帽田くんも「中学のときは総務会長でしたが、そのときのほうがはるかに楽でした。この学園では、『目安箱』に投函される生徒の意見を早く実現しないと、『まだですか』と言われます。理想を現実にすることの難しさに、反論したくなるけど、『言ったら負けだ』と思って忍耐していました。これも『企業家になるための修行だ』と思って」と振り返る。

なぜこの学園の生徒は活発に意見を言うのだろうか？　柄澤くんは言う。「幸福の科学で真理を学んでいると、自然と意見を持つようになるのでしょう。はっきりした価値基準があるから、迷わないし、周りに影響されない。だから、真理を知ると発展していけます。土台ができ、いろんな方向にお互い伸びていけるんだと思います」

そんな柄澤くん自身、相当強い個性の持ち主だ。

5月に行われた第1回生徒会選挙は、7名の枠に17名が立候補。生徒会長には5人が立候補するという激戦になった。

生徒会担当の桐生大《まさる》教諭（理科）は言う。「とにかく驚きました。以前勤めていた学校では1学年10クラスもあるのに立候補者がなかなかそろわないのが普通でした。まだ中高合わせて5クラスしかないのに、あっという間に大勢出馬したんですよ。教員に頼まれて仕方なく立候補した生徒は一人もいません。皆、『我こそはこの学園を素晴らしくしていきたい』という純粋な動機からの立候補でした。ほれぼれしました」

立候補した生徒たちは、朝の登校時間や昼食時もカフェテリアで「辻立ち」を行うなど、積極的な選挙活動を展開した。柄澤くんは、全校生徒の「票読み」を実施。誰が誰に投票しそうかを調べ、まだ自分と関係の薄い生徒に先手必勝でPR。そして最終日の立会演説では、選挙期間中に吸い上げた生徒の要望を公約に初めて掲げ、当選した。このときの演説はいまでも語り草になっている。

「演説の瞬間、会場がざわついたんで、手ごたえがありました。『それまで隠していて、せこい』という声もあったけど、勝負の世界なので、勝ったもの勝ちです」(柄澤くん)

政治家的資質を感じさせる彼だが、意外にも将来の夢は国語教師だという。中学のとき、尊敬できる国語の先生に出会ったからというのが理由だ。生徒会長に立候補したのも、学校がとても好きで、良くしたいと思っていたからだそうだ。中学時代は1ページ500〜600字で250〜300ページ近くあるケータイ小説を2〜3作書いていたという。探究創造科では文学ゼミに所属。

「文学ゼミでは文章に書かれていない人の感情を奥まで深く読むことに取り組んでいます。教師としても、人の気持ちが読み取れる能力が必要になってくると思うので、とても有意義です。論文のテーマも、小説の技術や読書の大切さなどを取り上げたいと思っています。この学園は、本当に自分のやりたいことを伸ばせるところだと思います」(柄澤くん)

彼ら第1期の生徒会は、何もないところから、体育祭や大鷲祭などの行事を成功させ、学園の伝統を創ってきた。それはきっと、今後の将来に役立つ経験だったに違いない。

部活動紹介

幸福の科学学園では、部活動も、将来の仕事能力の基礎として、大切に考えている。ただ、進学校として「塾のいらない学校」を目指すため、通常の部活動は週3回までと制限をかけている。そのなかでも例外が、強化部として指定されているテニス部（硬式）、チアダンス部、吹奏楽部だ。

「人間力」を重視するテニス部

テニス部顧問の柄澤深志教諭は、これまで女子ソフトテニス部監督として、長野県の公立中学、私立高校団体で計7回、全国優勝に導いた実績がある。

5月に行われた栃木県の北部支部大会では、高校男子は1年生ながら、3年生相手にシングルス・ダブルス・団体で優勝。その後も8月、12月の大会でも優勝を続けている。女子も8月にシングルスで優勝、12月には団体で3位の実績を残した。

栃木県北部支部大会で顕著な実績を挙げている
テニス部のメンバー

男子の部長の中野雄太くん（高1）は中学時代、県大会上位入賞の経験がある。

「でも自分は今まで学校の部活動じゃなくて、クラブチームに個人で入っていたから、勝っても家族くらいしか喜んでくれない。ここでは、優勝したとき、全校生徒が盛り上がって、親にもたくさんの信者さんから祝福していただいたようで、やりがいがあります」（中野くん）

通常、スポーツの強い学校は、スカウト、スポーツ推薦などで生徒を集める例が多い。だが、柄澤教諭の初任校は公立であり、まったくの初心者を養成し、全国優勝に導いてきた。その秘訣は「人間力」を重視する柄澤教諭の指導法にある。

テニス部のテーマは「心を磨け、努力は無限」。「日本一を目指してはいますが、テニスのプロ選手を育てているわけではないので、テニスを通して心を磨いたり、物事を一生懸

前任校での柄澤教諭の活躍を報じる各メディア

命に取り組む姿勢を身につけ、将来社会に出たときに、努力を惜しまず心を磨き、社会の役に立ってほしいというのが基本的な願いです」（柄澤教諭）

毎日行っている日誌指導と奉仕活動

柄澤教諭は、「生活指導の神様」と呼ばれ、大阪の松虫中学校の陸上部で13回全国制覇《せいは》を果たしたことで有名な、原田隆史氏の教師塾の1期生として弟子入りしたこともある。

「原田先生は吉田松陰の松下村塾《しょうかそんじゅく》をイメージしていて、『お金も何もいらないから、志だけもって集まってこい』といった感じの方でした。『目標設定をして、具体的にイメージングして、その目標に到達するために、具体的に日々の実践をどう固めていくか』ということを毎日チェックしていきます。できたこと、できなかったことを仕分けしながら、小さな成功体験を積み重ねていく。それこそ大川隆法総裁先生がおっしゃっていることの実践版なのですが、各自が自分の実践を持ち寄って発表しながら、原田先生からアドバイスしていただいて、それを夜通しみんなで議論するというスタイルの熱い塾でした。本当は1年で修了なんですけど、私はほれこんでしまって、3年間通い続けました（笑）」（柄澤教諭）

柄澤教諭の原田塾での学びが具体的に表れているのは、毎日行っている日誌指導。柄澤教諭が毎日添削して返却する。

女子の部長の吉川奈菜さん（高1）は、「毎日30〜40分かけて日記を書いて、1日を振り返っています。書くことで、自分でも気づかなかった発見があるし、口にはできないことも正直に書けます」と言う。

中野くんも「自分もいままで日記はつけていたけど、テニスの技術面だけ。提出もしていなかった。柄澤先生のシートには、大目標・中目標・小目標を記入する欄があるし、時間の使い方がうまくなった」と話す。

また、食後のカフェテリアのテーブル作務《さむ》（掃除）や、寮内各所の作務に、誰から言われるともなくテニス部員は積極的に取り組んでいる。

「柄澤先生は、高校からテニスを始めた子を日本一にした例を挙げて、『テニス以外のところで、自分はどんなに忙しくても奉仕活動（掃除）を続けてきた』という積み重ねが、『相手より自分のほうが心が強いんだ』と自信を持ってインターハイのコートに立てる秘訣なんだ、と教えてくれました。だから、生徒同士でミーティングして、奉仕活動をすることに決めたんです。厨房のハートフル

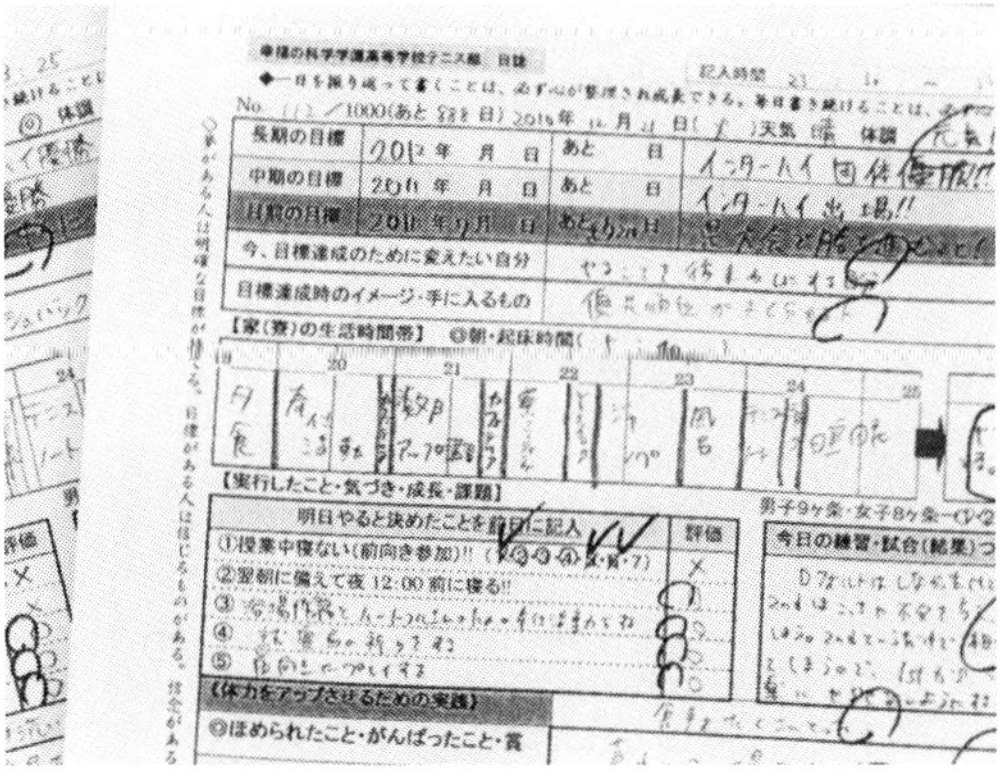

テニス部員が毎日つけている日誌

キッチンさんにもお世話になっていますから」（中野くん）

強化部といえども門限は通常の生徒と同じ午後7時。帰寮すると急いで着替え、食事をし、作務をする。19時30分からの夜学習も全員必須だ。

ひたむきな姿勢が周囲の評判に

こうしたひたむきな姿勢は、徐々に近隣にも評判となって広がっている。テニス部が利用している近くのテニスコート場の管理人は、「礼儀正しい子供たちですね。いつも明るく挨拶され、うれしく思います。先生方の指導が的確なのか、子供たちが指導を受けている姿、黙々と練習に取り組む態度には感心します。古い施設のため、地元の子供たちが時々使う程度でしたが、貴学園のテニス部により、施設にも元気が吹き込まれた感じです」と感想を寄せてくれた。

また、過日、幸福の科学学園は、ある県のトップレベルの高校と練習試合をした。さすがに勝てなかったものの、相手校の監督はこう語ったという。「強いチームはいくらでもいる。でもこんなに一生懸命なチームはほかにいない。その一生懸命さをうちのチームに教えたい。また来ます」

吉川さんは、「この仲間は、たぶん一生ものになるかなという気がします。自分でも放したくないし、離れないと思っています。まだ1年も経っていないのに、家族みたいな感じです」と話す。

中野くんは「テニス部は、テニスの技術はもちろんだけど、それ以上に将来役立つ人間力が身につきます。学園にいるときは、テニスで結果を出して、学園を有名にするのが自分の使命だと思っています」と語ってくれた。

「与える愛」を実践するチアダンス部

テニス部と並ぶ強化部がチアダンス部。顧問の桜沢正顕教諭は前任校で、「ミスダンスドリルチーム」全国大会で4年連続優勝、世界大会で2回優勝、また「マーチングバンド・バトントワリング（トワリング部門ポンポン編成）」全国大会でも金賞受賞の実績を持つ。

桜沢教諭の指導方針も「人間的な成長」。「ダンスがうまくなることが一番の目的ではなく、練習を通して、人間的に成長してほしい。そのために、本気の努力をしないと成長できないので、高い目標を掲げています。部活動で得たものを、他の活動でも生かし、しっかりと勉強もして真のリーダーになってほしい」（桜沢教諭）

この学園でもチアダンスは、大会はもちろん、体育祭や大鷲祭などでは、全校の華となる。

「チアダンスは人数制限がないので、大人数でのチームワークが重要であり、自然と仲間を大事にする心が育ちます。また、もともと人を応援するところから来ている競技なので、どんなにつらいときでも常に笑顔でそれを乗り越え、周りの人に元気や勇気を与えるところが魅力です。まさに『与える愛』の実践です。これは、日頃から多くのことを与えていただいていることへの感謝の気持ちの表れでもあります」（桜沢教諭）

部活動は毎週6日間。大会が近くなると毎日の練習になる。部員のなかで唯一の経験者で、現在、部長を務めている小林裕美さん（高1）は、「時間効率をあげて、勉強や休む時間を確保しています。また、部長として人をまとめる経験は、将来、仕事をするときに役立つかなって思います」と語る。

実際、桜沢教諭は前任校で、卒業生が社会人になってから母校を訪ねて来たときよく以下のような声を聞いた。「あれだけ大変な部活動をやり遂げたことで、本当に自信がつきました。今、仕事が大変と言って投げ出してしまう友達が多いですが、私は仕事が大変だと思ったことは一度もありません。職場では、何でそんなにいつも前向きで礼儀正しいのかと驚かれています」

チアダンス部の練習風景

部長の小林さんの言葉も、すでにこうした未来の姿を予感させている。

11月には、初めて大会に出場した。大会で演技する振り付けや基本練習は才能ある専門のコーチから月2回ほど指導を受けているが、普段の練習は部長を中心に生徒たちがすべて組み立てている。

ダンスドリルウィンターカップ（高校生以下部門）
3位入賞のチアダンス部のメンバー

初出場の全日本チアダンス選手権関東予選では、高校生部門に中1と高1のみで出場し、35チーム中19位と健闘。さらに、1月のダンスドリルウィンターカップでは高校生以下部門で3位に入賞した。

「チア部は、『つらい顔を見せない』っていう伝統を創っていきたい。『頑張っているけど、大変そうじゃないよね』『なんであんなに弱音吐かずにできるんだろう』って言われる部活にしたい」と小林さん。

「うちの生徒たちは、受け身ではなく、積極的にメニューごとにリーダーになったりと、『与える』側に立とうという意識が強いと感じます。まだ中1、高1しかいないのに、高3のような意識になっている点が素晴らしいですね。中学生も、高校生と一緒の練習をするのは大変だけれど、ハードな練習によくついてきていると思います。目に見える成長ぶりですね。第1期生が卒業するまでには頂点を目指します。彼女たちならきっとやってくれるでしょう。それが、日頃から応援して下さっている全国の皆様への恩返しだと思っています」（桜沢教諭）

幸福の科学学園では、ほかにも水泳部、野球部、ゴルフ部、弓道部、剣道部、バスケットボール部、バドミントン部といった運動部や、茶道部、書道部、英語部、美術部、合唱部、理科部といった文化部がある。同好会にはサッカー同好会と陸上同好会がある。今後も要望の多い部活動は順次設立されていく予定だ。

写真上から、英語部、美術部、弓道部（左）、理科部、書道部、茶道部、合唱部、陸上同好会（左）、サッカー同好会

部活動CLOSE UP

●水泳部　幸福の科学学園では加温式の屋内25メートルプールが設置されている。小学校時代、県で1位の実績を持つ村田壮くん（中1）は、他校の中学3年の選手たちの中で健闘し、那須地区総合体育大会水泳競技大会で自由形100メートル2位、那須地区中学校新人大会水泳競技大会で自由形50メートル1位の好成績で、各県大会への出場権を獲得するなど、創部間もない水泳部を牽引している。

●野球部　野球部は、中学生が軟式、高校生が硬式に分かれて練習している。1月には、「打撃練習のためのバック・ネット増設やピッチング・マシンなどのために」と、ある篤志家から数千万円の寄附を受けた。また、地域で実績ある方々がコーチに就任。監督を務める初森優一教諭（体育科）は「多くの方々が物心両面で応援してくださるので本当にありがたい。一日も早く実績を出し恩返ししたい。夢は甲子園です」と感謝の言葉を述べるとともに、生徒たちを励ましている。

●ゴルフ部　栃木県は全国でも有数のゴルフ場のメッカ。ゴルフ部は、地の利を生かし、那須精舎に隣接する那須伊王野ゴルフカントリークラブを中心に活動

水泳部

野球部

ゴルフ部

している。まだ部員は初心者ばかりだが、プロのレッスンコーチの指導のもと、打ちっぱなしを中心にフォームづくりから始めている。那須連山を望む雄大なロケーションの中のコース練習は、都会では体験し難い上質な環境となっている。

一流の教師による芸術教育

プロのピアニストが教える音楽科

学園の芸術教育についても触れておこう。

音楽科を担当するのは、ピアニストで音楽大学でも教鞭をとる川上昌裕講師。川上講師は2009年6月、アメリカで行われた「バン・クライバーン国際ピアノコンクール」で世界一の称号を手にしたピアニスト・辻井伸行さんを小学校1年生のときから12年にわたって指導した恩師としても有名で、その取り組みは2010年6月、NHK番組「こころの遺伝子」でも紹介された。

「辻井くんへの指導を通して得られたものは、まず『忍耐力』でしょうか。彼は人間的にも素晴らしい性格を持っていたので、そういう意味では教えやすかった。ただ相当秀でた才能を持っているので、その才能をだめにしてしまったり、浪費させたりしてはいけないし、バランスのとれた引き上げ方をしなければいけない。また、周囲の環境にも立ち向かっていく必要もありました。そうした忍耐力が必要でした。それと、自分が高みに向かって勉強なり努力を続けていく面も大きかったです。辻井くんは私より器が大きいという感じが、初期のころからあって、今でもそうですが、彼を尊敬する気持ちがあります。謙虚でありながら、辻井くんにとって納得のできる指導者でなければいけないという、ある意味で、気の抜けない12年間でした」（川上講師）

川上昌裕講師

川上講師自身、東京音楽大学（ピアノ演奏家コース）を首席で卒業、留学先のウィーン市立音楽院も首席で卒業。現在は、ピアニストや音大講師としても活躍中である。その川上氏が中学・高校の音楽教師に目を向けたのはなぜか？

「ピアニストやピアニストの卵を育てるのも素晴らしい仕事かもしれないけれど、『もうちょっと大きな、根底的な価値に基づいた場に自分を置かないと、これ以上の発展はないかな』っていう気持ちがありました。音楽の世界は、いかに自分が『有名になるか』『認められるか』ということが大きくて、そういう生き方をしなければいけない職業なのですが、そういう成功もいいんだけれども、本当の意味での良い仕事をしたいという気持ちですね。それがこの学園の求める方向にあるのではないかと思いました。

辻井くんをプロのピアニストに育てた経験もそうですが、新しいことに挑戦してそれを一つの成功まで引き上げたというのは、自分の自信になっています。この学園もまったく未知のものだけれど、だからこそ挑戦してみたいという点で共通点があります」（川上講師）

人生で本物の芸術に触れる機会を

これまで主に専門性の高い指導をしてきた川上講師だが、中学・高校生相手の授業は初めて。精神的バックボーンや音楽全般の知識などがいままでより高度で広いものが求められるため、従来に比べ数倍の精進《しょうじん》が必要だという。

「この学園は、それぞれの分野で活躍する『天才』『世界のリーダー』が生まれてくる学校と信じているので、そのために自分が何かお役に立てればいいなと。この学園の子は個性が豊かなので、なかなか鍛えられますね。どの分野にせよ、天才になる子は飛び抜けているので、そういう子が本当に集まっているのではないかなと思います」と川上講師。

「音楽の中にも、いろいろな悟り、レベルの違いや個性の違いというものがあります。それを整理して、系統立てた上で、本物のリーダーを育てるために必要な知識や技能は何なのかを考えて、大きな感動を創り出していく教育をしたいですね。

意外に、人生で本物の芸術に触れる機会って、多くない気がします。美術館に行ったことのない人、クラシックの音楽を一度も聴いたことのない人はいると思うんです。本物の素晴らしいものに触れるきっかけを増やしたり、本物を提示したりすることが大事かなって思います。本当に心動かされたり、魂が揺さぶられたりというのは、特別な宗教的経験や芸術的瞬間に訪れるもので、勉強だけしていて、そういう経験がなければ、どの分野で成功しても偏った人間になると思います。

たとえばヨーロッパだと、お医者さんがチェロを弾けたりと、ある職業をやっていても全然違う才能があったりと、普通に芸術ができたりしますね。そういうあり方があるわけだから、日本でも当たり前に、たとえば『頭が良くて経済に強く、職業は政治家であり、かつ音楽もプロ級』って人がいてもおかしくない。そういう人がバランスのとれた人格で、世の中に対して大きな仕事ができるわけだし、そういう意味で芸術は特別なものではなくて、本当に必要なものの一つとして奉仕されるべきものだと思います」（川上講師）

川上講師は部活動では合唱部と吹奏楽部を指導。合唱部は、準備に時間がかかると言われる校歌の混声四部合唱への編曲を1学期の終業式までに完成し、わずか6日の練習で幸福の科学学園校歌「未来をこの手に」（混声四部合唱）を披露した。

心を耕す感性の美術教育

美術を指導する南聡教諭は、２００９年、「心を耕す感性の教育を目指して」というテーマで、「教育美術・佐武賞」を受賞。同賞は、44年の歴史があり、美術教育の中で一番権威のある論文賞。

また、長年、愛媛県の高校に勤務し、同校の美術部を全国レベルに引き上げ、２００９年、「イラスト甲子園」と呼ばれる全日本高校デザイン・イラスト展で団体日本一を受賞。同校の生徒は個人でも「文部科学大臣賞」を受賞した。この取り組みを愛媛県のテレビが取材し、ドキュメントとして放映された。

「イラスト甲子園」日本一については、「心を耕す美術教育とともに、みんなで一つの夢を持って努力すれば、それを実現できるということ

南教諭の「教育美術・佐武賞」受賞を報じる2009年8月20日付愛媛新聞（右）と論文の掲載された「教育美術」（2009年8月号、左）

を、証明したかった。

一人ひとりが夢を持って、ひたむきに生きる時、その過程で、ものすごい成長を遂げます。ドラマは無数にありました。みんなで走り込みをしたり、合宿をしたり、『アイデア１００』といって、一人１００個のアイデアスケッチに挑戦して取り組んだり。その結果として、この学園に来る直前に、全国優勝できました」と南教諭。

また、前任校の美術部は地域に出て壁画を描いたり、老人施設を慰問《いもん》して似顔絵を描くなど、さまざまなボランティア活動にも取り組んでいた。この取り組みは地元の新聞では

イラスト甲子園 悲願の"団体V"
四国中央・三島高美術部
1人100枚、合宿の特訓実る

前任校での「イラスト甲子園」日本一を報じる
2009年10月28日朝日新聞

有名で、取り上げられるペースは平均月3回。年間36回ほど掲載され、南教諭自身、新聞のコラムを担当していたという。

「教育には、真・善・美のアプローチがありますが、美からのアプローチが未開発です。やはり『正しいから努力しなさい』と言われても、どこか『うーん』となってしまうこともあるわけで、教育の中には『感動して動く』という面もあると思います。美という観点から物事を見たときに、いろいろなものが限りなく美しく見えてくる瞬間があります。こういうことを学園で実践するのが自

分の使命だと思っています」（南教諭）

芸大・美大受験にも対応可能

こうした経歴を持つ南教諭は、学園に来た理由をこう話す。「この学園は、今は始まって間もないけれど、いずれ、この教育改革・精神改革のうねりは必ず大きくなる。『この学園を創るということは、未来を創ることにつながるんだ』と確信し、すべてをなげうってこの学園に来ました。

この学園は天才教育を掲げています。インドの数学の天才で、ラマヌジャンという、3千もの定理を発見した方がいます。いつも夢で神様と対話をして、数学を教えてもらっていたと言っていますが、ある人の説によると、『天才が生まれた場所は、美しい風光明媚な、宗教的な磁場が多い』『ラマヌジャンが生まれたところも、ヒンズー教の寺院がたくさんある一大宗教的磁場だった』ということです。これは、天才と言われる人が受けるインスピレーションの質に関係するのかもしれません。この学園は山の中ですが、那須の大自然と、総本山・那須精舎《しょうじゃ》がある宗教的磁場は、天才教育にふさわしい場所だと思います」

南教諭は美術部を指導。中学生・高校生一緒に、パソコンとデッサンの両方を実習し、デジタルとアナログの落差を利用した創造性の追求を心がけている。

美術部は体育祭や大鷲祭では、全員で大きなアート作品を描き、全校生徒を鼓舞した。また、学園のシャトルバスのデザインも美術部が担当している。

「美術部のメンバーは、アニメに興味のある子、時間があったら屋外でデッサンやスケッチをしている子、デザインに興味があってパソコンを使わせるとすごく上手な子、あるいは漫画家志望の子、画家志望の子、などいろいろなタイプが集まっています。お互いの個性が違うというのは、学びあえるチャンスなので、すごく楽しみです。芸大や美大志望の生徒もいます。責任をもって進路指導していきます」（南教諭）

ある声優志望の女子生徒のエピソード

最後に、学園の創造性の幅の広さを示す一人の生徒を紹介したい。

美術部部長の坂東美咲さん（高1）。将来の夢は声優だ。

「小学生のときから絵が好きだったんですが、アニメを見るようになって、声優になりたいなって。中学時代はアニメの専門学校にも月1～2回通っていました」（坂東さん）

9月の大鷲祭では、クラスの出し物のダンスで、涼宮ハルヒに扮したコスチュームで「ハレ晴レユカイ」を上演。有志による演劇では、監督・脚本・構成・舞台演出をし、自ら主役を演じた。

「私は小学校時代も中学校時代も、集団行動ができないタイプで、たびたび変わり者扱いされたりと、人から理解されなくてずっと苦しかったんです。でもこの学園は『宗教教育と創造性教育に力を入れる』って聞いて、入学を決めました。校長先生も許容範囲の広い方で、とても『理解されている』って感じがします。この学園は個性が強い人が多いので、私みたいな人がいても『学園だしね』って空気が流れていて。

夜の祈りの前に雑誌を読んでいたり、ラジオを聴いていたりすると、反省・瞑想中に、いろいろインスピレーションがおりてきたりします」（坂東さん）

「将来は、英語で吹き替えもできる声優になりたい」という坂東さん。卒業後は、中学時代に通っていたアニメの専門学校に進むことを決めている。「将来、デビューして活躍したら、自分の履歴とかがネットや雑誌に載ると思うんです。そうしたら、そこから幸福の科学学園の存在を知ってもらえる」（坂東さん）

＊　＊

幸福の科学の仏法真理をベースに、日本一、世界一の実績を持つ教師が集まる幸福の科学学園。

創造性あふれる校長のもと、生徒一人ひとりは、自分の「天分」、つまり生まれる前に天上界で立てた自分の人生計画・使命に目覚め、その芽をいろいろな方向に伸ばそうとしつつある。

中学3年時にはオーストラリア、高校1年時にはアメリカのボストン・ニューヨーク語学研修も控え、生徒の視野は、世界レベルにまで広がる。

新文明を創造する未来型人間の養成——。第2のルネッサンスを創り出す幸福の科学学園の挑戦は、いま、始まったばかりだ。

第5章

地球の未来は僕らが創る

中学生座談会

司　会　半井《なからい》庸子 教頭
参加者（いずれも、中学1年生）
熊野えいみさん
金原正法《しょうほう》くん
浅田愛美《あみ》さん
岡崎陽次郎くん

──世界に羽ばたく夢──

半井教頭　「地球の未来は僕らが創る」というテーマで、皆さんと意見交換をしてみたいと思います。皆さん少し、緊張していますか？（笑）　クラスが違うと、普段はお互いに話をしたことがないかと思います。それで皆さん、緊張しているんですね。

一同　（笑）

半井　それでは、初めに皆さんの夢について話してください。

熊野さんは、国連の職員になることが夢でしたね。なぜ国連の職員になりたいのですか。

熊野　私は、政治や経済に興味があって、特に貧しい人たちを救いたいという夢があります。そして、世界中の人と関わりたいという夢もあって、それにちょうどマッチしているのが国際連合だったからです。ぜひ、ニューヨークにある国連の本部に行きたいなと思っています。

半井　熊野さんは、英語が得意で、中学校英語スピーチコンテストにも出場しました。

熊野　栃木県の地区大会予選を通過しました。県大会では少しあがってしまい、賞は取れませんでしたが、来年も機会があったら大会に出たいなと思っています。

半井　幸福の科学学園では、学園全体が一丸となって、一生懸命英語学習に取り組んでいます。ぜひ来年も頑張ってください。

熊野えいみさん

金原くんの夢は何ですか。

金原　僕の夢は、伝道師になることです。世界を回って伝道をしていく、それが僕の夢です。時々、幸福の科学の布教誌に、世界各国で活動している人たちの姿が掲載されていますが、それを見て、すごくかっこいいと思いましたし、勇気をもらえたからです。

半井　金原君は、英語も社会も、その他の勉強も本当に熱心ですが、夢に向かって努力しているんですね。
浅田さんの夢は、お医者さんでしたね。
浅田　本当は、科学や医療と信仰はつながっていると思います。でも、今のままでは、理想にはまだまだ遠いと思います。だから、まずは、お医者さんになって幸福の科学病院をつくり、それを世界中に広げていきたいなと思っています。
半井　勉強を一生懸命頑張って、1学期は、向上賞を取りましたね。
浅田　最初、数学が全くだめで、γ《ガンマ》クラスだったんですけれど、地方からこの学園に入学したことを言い訳にして、自分に負けたくないと思いました。一緒に勉強を頑張ろうと言ってくれる仲間もいるので、人よりも頑張って努力するように心がけていたら、α《アルファ》クラス（最上位）まで上がることができました。
半井　浅田さんのように多くの人のお役に立つ、はっきりした夢があると努力にも身が入りますね。
岡崎くんの夢は何ですか。
岡崎　以前は教師になることが夢だったのですが、今は別に教師でなくてもいいと思っています。今まで、いろいろな人にいろいろなことを教えてもらいましたから、今度はそれを、できるだけ多くの人に教えてあげたいと思っているんです。

形は何でもいいのですが、人のためになれるようなことを教えたら、今度は教えられた人たちが、別の人を教えていくことを繰り返していけば、たくさんの人に教えることができると思います。

半井　そういえば岡崎くんは、宗教科の時間にディベートをやって、評判でしたね。

岡崎　あの時、自分が何を言ったかあまり覚えていないんですが、議論のテーマは、「悪口がなくなるか、なくならないか」で、僕は、人間は不完全だから「なくならないと思う」という立場でした。ディベートしていくうちに、「条件をつければなくなる」という言い方ができることや、いろんな人の立場から考えてみたら、相手の立場も分かり、こっちの弱点も何個も分かったので、そういうところを説明することができたのかなと思います。

半井　ディベートは初めての経験だったと思いますが、とても中学1年生とは思えない充実した論戦でしたね。

授業時間内に理解するよう心がける

半井　では次に、この学校の「普通の学校とは

岡崎陽次郎くん

ここが違う」と思うところを教えてください。「この学園に来てこう変わった」ということでもかまいません。

金原　まず、勉強への取り組みが変わりましたし、友達とのつき合いも変わりました。小学校では、一緒にいても遊ぶだけで、友達から何かを学ぶということは少なかったです。でも、学園では、友達が勉強を教えてくれるし、一緒に話しているだけでも楽しいです。何て言うんだろう、一緒にいてくれるだけで、すごく温かい感じがするんです。

浅田　私も金原くんと同じで、学園の友達は、ものすごく温かいですし、心のつながりを感じることができて、「法友」なんだなあと思います。そして、「本当にこのみんなでやっていくんだなあ」という感じがします。

岡崎　二人が友達のことを話してくれたので、僕は別のところをお話しします。

まず決定的に違うのは、救世主が創造してくださった学校だということです。僕たちのために、わざわざ来て法を説いてくださる唯一の学校です。そこが、本当に世界に一つしかないところです。

総裁先生は「生徒心得」も与えてくださいましたが、いろんなことを教えてくださいます。勉強の仕方にしても、以前、「勉強と心の修行」の御法話の中で「『授業時間内に、きちんと理解してしまおう』という心がけを持ってほしい」と教えられて、「そういえば、そうだな」と思ったんです。

本を読んだり、いろいろなことをしたくても、どうしても勉強で時間をとられてしまいます。でも、授業中に全部吸収してしまえば、他の人よりいろいろなことができるようになるのだから、もっと授業に集中しようと思いました。

熊野 学園では、みんなで頑張ろうという雰囲気があって、本当にすごいなって思いました。

ここは全寮制で、友達とは24時間一緒にいるから、ずっと強気ではいられません。でも、それはみんなも同じで、友達の泣いているところを見ると、みんなもつらいんだなというのもよく分かって、お互いに分かり合えるというか……。

半井 全寮制の良さですね。同じ釜の飯を食べている仲間というわけで、家族みたいな感じになるのでしょうか。

熊野 はい。小学生の時は、友達に相談されることはたまにあっても、相談することはあまりなかったんです。でも、学園に来てからは、相談し合ったり、友達と一緒に解決法を見つけていくことが多くて、そういう中で感じる温かさがあると思います。

「全然無理しなくていいよ」という空気があって、強気でいる必要もなくて、みんなが心を開いていて、心の底から全部を見せ合っているという感じですね。

半井　本当に親しい家族のような関係なんですね。

「志」や「努力」を忘れずに、友だちへの優しさも忘れない

半井　ところで、皆さんが日頃から心がけていることは、何かありますか。

浅田　人よりも努力をすることです。あと、勉強に集中していたり、テスト期間中だったりすると、自分の夢を忘れがちになって、それでうまく勉強ができなかったりします。でも、夢を掲げて、勉強がその夢につながっていくことを考えると、勉強もはかどるし、やる気になれるので、夢や志をなるべく忘れないようにしています。

岡崎　総裁先生から、「世界のリーダーになってください」と言われたので、それを忘れないように頑張っているんですが、そのためには、勉強も大事だけれど、自分の体調が悪くなってしまうと、逆にマイナスになります。リーダーを目指しているということを忘れずに、体調管理にも気をつけています。

金原　僕は、二つあるのですが、一つは、1カ月ごとの目標をしっかりと決めて、それを表にしておくことです。時々目標を忘れてしまうことがあるので、表を見て、目標を思い出しながら、勉強しています。

もう一つは、相手への優しさというか、親切さを忘れないということです。時々、友達

を大切にできなくなっていることがあります。そこを直すために、生徒心得にある、「常に信仰心を大切にし、目上の者やお互いに対する礼儀の心を忘れないこと」の後半の部分、先生や友達への礼儀のところを、心がけています。

熊野　私は、いつもみんなに元気になってもらえるような存在でありたいなと思っています。幸福の科学の教えの杜になっているのも、「与える愛」だと思いますので、その部分を、しっかり実践していきたいです。たまに、自己中心的な考え方が、フッと頭に浮かぶ時がありますが、そういう時はできるだけ、友達のことを考えるようにしています。話をしていると元気が出るような、場を明るくできる人になるのが目標です。

半井　分かりました。ところで皆さんは、親元から離れ、学園に来ることに、不安はなかったですか？

熊野　幸福の科学学園の1期生になれるチャンスは、もうないなと思ったから。確かに、学業面も大事ですけれど、やっぱり、友達が違うだろうと思っていました。4月に入学した時に、初対面なのに、みんなが明るく接してくれて、すごく温かいなあと感じました。

浅田　私は、福井県から来ていますが、最初は知っている子が誰一人いなくて、やっぱり不安でした。でも、みんな温かく接してくれて、今は友達の輪も広がったし、不安もなくなっているので、来てよかったなと思っています。

金原　僕が一番不安だったのは、学園に合格できるかどうかということでした（笑）。だから、合格できて1週間ぐらいは「ボケーッ」としてしまいました。

半井　岡崎くんは、お父さんもお母さんも学園の先生で、お兄さんも学園の高校生です。学園そのものみたいなご家庭なんですけれども、何か言っておきたいことはありますか？

一同　（笑）

岡崎　僕は、言われないと勉強ができなかったので、大丈夫かなと思っていたんですが、ありがたいことに、黙って勉強をする聖黙《しょうもく》時間というものが決まってまして。あと、周りの人も勉強をしていましたので、前より勉強できるようになりました。

半井　学園に入って大変身したのね。岡崎くん、とても勉強していますものね。

時間を無駄にしないで勉強する意味

半井　それでは、皆さんが学園に来て、一番学んだことを教えてください。

浅田　小学校の時は、例えば文化祭や運動会でも、自分たちだけで何かをやることはあまりありませんでした。私自身、そういう創造的なことが得意ではなかったので、本当にできるかなと思いながら学園に来ました。でも、体育祭や文化祭では、クラスで考えたり、寮で話し合ったりして、自分たちでやることの大切さを学ぶことができました。

あと、学園に来て、勉強に対する考え方も変わりました。あっ、一つじゃなくなりますけど（笑）、勉強って、縛られているような感じがして、前はあまり好きではなかったんです。でも、学園に来て、勉強というのは、主のお役に立つためにやっていくものなんだと分かって、そこから少し勉強が楽しくなりました。

岡崎　どんなに環境が良くても、どんなにすごい授業がされていても、自分が寝ていたら、頭は良くならないということを。

一同　（笑）

岡崎　どんなに素晴らしい環境を与えられても、どんなにサポートしてくれる人がいても、サポートしてもらっている人に、自分でやろうという気持ちがなければ、成績は良くならない。環境がどんなに良くても、最後にどうするのかを決めるのは自分だということを学びました。

1学期の成績はたいして良くなかったんですけれど、やれば伸びました。ここの環境はすごくいいですから。

浅田愛美さん

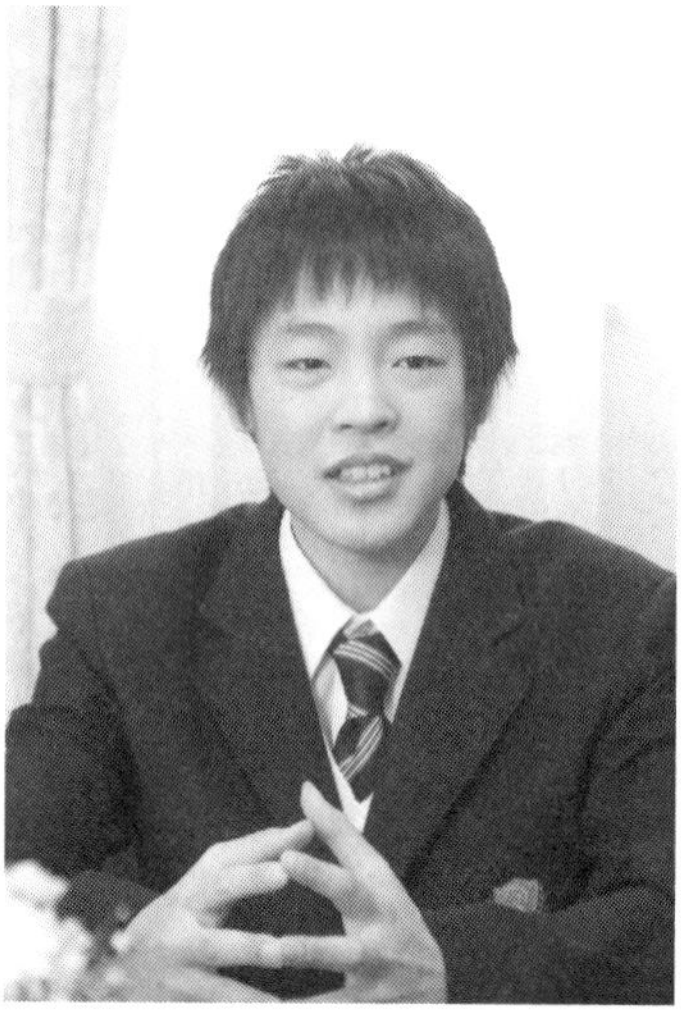
金原正法くん

金原　この学園に来て、一番学んだことは、1時間1時間を絶対に無駄にしちゃいけないということです。寮の収穫祭の時に、学園に来た外国人の方が、「学生時代、時間を無駄にして、とても後悔した」と言っていました。僕たち、まだ、その人たちより、生きる期間を長く持っています。だから、大人になってから、「もう少し中学生の時、勉強しておけばよかった」とか、「高校生の時、勉強しておけばよかった」とか、そういうことを絶対に言いたくないです。

あと、部活のバスケットボール部も、まだ、毎回、試合では負けてしまうんですが、集中の仕方によって変わるのではないかなと思っていて、最近、練習の1時間1時間に集中し始めています。それが一番学んだことかなと思います。絶対に後悔はしたくないです。

熊野　私はテニス部なんですが、1年生だけで上級生がいないので、試合に行ってもどうしても負けちゃいます。1年目だからしかたないんですけれど、やっぱり負けるとすごく悔しいです。最初は、「楽しいね」という感じで練習していたんですが、悔しくてみんなで涙を流したら、そこから練習が変わりました。そういう体験をして、やっぱり経験というのがすごく大事で、悔しさも無駄にならないんだなということを学びました。

温かい学園では、心を全開にできる！

半井　皆さん、ありがとうございます。それでは最後になりますが、4月に入ってくる後輩たちに向けて、学園の魅力を一言ずつお願いします。もうすぐ皆さんは先輩になりますので、その時のための練習ね（笑）。

熊野　何だろう、温かい感じがする学校というか、すごく守られている感じがする学校です。まあ、たまに少し崩れてしまう時もあるけれど、精神的に安定した状態で部活や勉強ができる学校だと思います。

あと、24時間友達と一緒なので、一緒に、いろいろなことを悩んだり、乗り越えたりすることが、私も学園に来てからすごく多くなりました。そして、やっぱりみんな悩みを抱えているんだなということが分かるし、友達がいかに大事かとか、そういうこともよく分かると思います。

金原　熊野さんに似てしまいますが、学園って、みんなが、とても優しいんです。高校生と一緒に入る時、風呂場で一緒にバカ騒ぎしたりできて、すぐになじめて、とても楽しい時間をすごせるんです。先生方の授業もすごく楽しい！　そこがＰＲしたいところです。

浅田　全寮制なので、親と離れたくなくて学園に入らなかった子もいると思うんですが、確かに、親と離れて、私もしばらくは、すごく寂しくてつらかったです。でも、今から思えば、みんな近くに親がいなくて、同じ寂しさを感じていたわけですし、ましてや、ハワイから来ている二人の子は、もっと寂しかったと思います。

それから、小学校の時は、「まず自分がやらなきゃいけない」とか、自分を追い込んでしまいがちで、少しつらかったんですけど、学園では、自分の個性を思いっきり素直に出せて、本当に心を全開にできると思います。親と離れて、たまに苦しいと思うこともありますが、今から思えば、何も損をしたことはないですし、ものすごく、来てよかったなと思っています。

半井　女の子が12歳でお父さんやお母さんから離れるというのは、とても寂しいことですが、それをみんなで一緒に乗り越えて、大きな成長があったということですね。

では、最後に岡崎くん。

岡崎　環境が全部そろっていて、「言い訳のできない」学校ですけど（一同笑）、皆さん、リラックスして来てください。

一同　（笑）

半井　来年には自習室（「自修館」）もできますから、もっと言い訳ができなくなっちゃいますね。

一同　（笑）

高校生座談会

司　会　喜島克明校長
参加者（いずれも、高校1年生）
阿部愛珠《まなみ》さん
藤森智博《ともひろ》くん
渡邉理那《りな》さん
土井聖礼《みらい》くん

企業家、物理学者、宗教家、世界のリーダー――。じっくり考えた、将来の夢

喜島校長　それでは、「地球の未来は僕らが創る」というテーマで、高校生の皆さんで座談会を始めたいと思います。初めに、一人ひとりの夢を聞かせてください。

阿部　今、国同士が争っていますが、やっぱり一人ひとりの人間が幸福でいられることが大事だと思うし、人間はみんな幸福にならなきゃいけないと思います。だから、国の違いを気にしないで、みんなが笑顔で幸せに暮らせるような世界に、誰かがしなければいけないと思うんです。でも、黙っていても、世界はそうならない。

今の私たちが送っている快適な生活も、過去の人たちが頑張ってつくってくれたものでしょう。私もそういう歴史的な人たちのように、少しでも頑張って、人々の幸せに貢献していきたいんです。だから、将来は企業家になって、世界の人たちを、リッチ、かつ幸せにしていきたいと思っています。

藤森　自分は将来、物理学者になりたいなと思っています。高校に入って、途中悩んだこともあったのですが、自分にしかできないことって何だろうと考えた時に、やっぱり物理学者の仕事に就いて、その角度から、人々の幸せをつくっていくことかなと、最近思いました。

喜島　他の夢に惹《ひ》かれたこともあるの？

藤森　はい、そのことで、けっこう揺れました。以前から、「もし自分が文系だったら、何になりたいか」と自分に問いかけていたんですが、答えは、政治家とか、宗教家でした。やっぱり、宗教と科学の融合を考えているからだと思います。今、科学は、ある種、誤解されている面が強いと思うので。

喜島　科学が誤解されている？

藤森　はい。

阿部　ここで一気に、ハードルが上がったね（笑）。

藤森　（笑）えっと、科学の目的は、本来、真理への探究じゃないですか。それが、デカルトとかカント以降あたりから、自分が理解できるもの以外は排斥する、対象にしないということになってきました。でも、原点に立ち返ってみると、やっぱり、科学というのは、真理への追求という面があるわけであって。

藤森智博くん

それに、科学は近世、ある種、大いなる発展を遂げてきたわけなんですけれど、その背景に、環境問題や戦争の問題という、陰の部分も大きくあると思います。そこを乗り越えていくのに必要なのは、発展する際に一時的に切り捨てた、いわゆる「理解できない部分」であると思うんです。その意味でも、やっぱり、科学は誤解されていると考えています。

阿部　なるほど、難しいー（笑）。

一同　（笑）

渡邉　私は、幸福の科学の職員になるのが夢ですが、ぜひさまざまな分野でお役に立てる職員になりたいと思っています。今、学園に入らせていただいていますので、多才な人材になって、本当の意味で、主のお役に立てる人材、学園に入学させてよかったと思ってもらえるような存在になりたいです。世界伝道においては、自分の強みであるフランス語などを生かした伝道をして、国内でも、多くの人々を幸せにできるような活動をどんどん繰り広げていきたいです。

土井　少しみんな、クオリティ高すぎじゃない？（笑）

僕は、4月当初からずっと、総理大臣、総理大臣では物足りないので大統領になりたいと言ってきました。でも、学校の休み中、慕っている人に相談に乗ってもらった時に、「もしも本気でなりたいのであれば、今すべきことなどが、自然と見えてくるはずだよ。本当にそれは、君がなりたいものなのか？」というようなことを言われました。「俺はもう政治家一本だ」と思っていたところもあったので、とても考えさせられたんですが、自分を見つめ直してみたら、なりたいのは、やっぱり〝リーダー〟だったんです。どうしても世界のリーダーになりたいと。これは、誰にも譲れない話で、それこそ世界を股にかけるような男になりたいです。

一同　（笑）

土井　今、探究創造科の授業で、分野別に何かを調べようという取り組みがあります。政治ゼミなので、僕の場合だと、経済などの分野を選ぶといいのでしょうが、僕は、どうしてもリーダー論を学びたいんです。

喜島　リーダー論でもいいよ。

土井　大丈夫ですか。どうしてもリーダーから離れることができなくて、お年玉で、デール・カーネギーの文庫本を買いました。『人を動かす』と『道は開ける』を買ってきて、部屋に置いたまま、まだ手をつけてはいないんですけど（笑）。

でも、惹かれていて、うずきが起きるのはリーダーなんです。だから、自分がなりたいのはやっぱり政治家なのかなと、今、考えているところです。

喜島　そうやって、いろいろな刺激を受けながら、自分の夢というものを練り込んでいけばいいんだよ。「新たな姿が見えた」と思っても、ぐるっと回って、本質的には同じところにいるのかもしれないね。ひょっとしたら、なりたいのは別の分野のリーダーかもしれないけれど、そうだとしても、今、政治を目の前の目標に置いているのであれば、実際に政治を探究していく中で、次の展開があるだろうね。

生きるバックボーンを学べ、「本当の正義」が通じる学園

喜島　はい。それでは、皆さんの夢をかなえるにあたっても、この学校はいろいろなサポートをしていると思いますが、学園が他の学校と違うところは、どこだと感じますか。

阿部　小さいことから言えば、努力している人を応援する姿勢がすごくあるという点を、最近しみじみと実感しています。普通の学校だと、一生懸命勉強している子に対して、「あぁ、ガリ勉、マジウザイ」みたいな感じになりますが、この学園は、「あっ、頑張っている、すごいな」と、その人を見習って、みんなが一生懸命に頑張ろうとします。こまかい点で言えば、そこが一番、違う点で実感できるかなと思います。

大きい点で言えば、将来の夢を持ったほうがいい理由とか、生きる上で大切なバックボーンの部分を、しっかり教える学校なので、そこが違うところだと思います。

藤森　すべて違うと言えばその通りなんですが、その中でも特に、阿部さんも言っていたように、宗教的バックボーンがあるということが大きいと思います。ただ単に勉強ができる人をつくっているだけではなくて、学園はそれを超えて、世界のリーダーを輩出することを目的にしています。だから、単なる勉強の仕方ではなくて、将来の仕事に通じる勉強の仕方とか、そういう角度から教えている点が、大きな強みでもあると思います。

あと、宗教面。これは今の日本の教育に一番足りないところだと思うのですが、根本に、霊的人生観があるのとないのとでは、非常に違いがあるように思います。冬休みに、自宅に帰った時に一番感じたのは、地元のみんなってすごく刹那《せつな》的だということでした。「今さえ楽しければいい、将来のことはとりあえずいいや」みたいな感じです。でも、この学園では、霊的人生観を学んでいるおかげもあって、みんなかなり将来にまで意識を向けて勉強しているのが、すごく大きな違いだと思うんです。

渡邉　英語のテキストを見ても分かるのですが、学園の創立者である大川隆法総裁先生が、本当にこの学園を愛してくださっていることがとてもよく分かります。それから、私たちがつくり出している神聖さが正義感として表れていたり、信仰を中心とした教育の中にも表れています。

普通の学校との違いは、やっぱり、創立者の愛を身近に感じ取れるというところと、正義感が通じるところが、挙げられると思います。

喜島　なるほど、「正義感が通じる」か。以前通っていた学校も、宗教系の学校でしたね。

渡邉　はい。でも、例えばいじめがあった場合に、周りの反応が、やっぱり違います。前の学校では、いじめがあっても、自分が次にいじめられるのではないかという恐怖心にかられていました。

喜島　キリスト教系の学校でもそうなんだ。

渡邉　はい。みんな巻き込まれたくないですし、先生たちもいじめを認めたくないというところでの逃げる姿勢がやっぱりあって。いじめていた子たちへの、本当に正しい指導はされていなかったと思います。

でも、この学園では、総裁先生が初めから、「いじめは絶対に起こさせない」とおっしゃってくださっているように、本当の正義を柱として立ててくださっていることが、阿部さんや藤森くんが言ってたような、「ガリ勉とか言われない」といったことにも、つながっているんだと思います。

喜島　渡邉さんは正義感が強いから、いじめを止めて、逆に自分がターゲットになったような経験はあった？

渡邉　はい。自分がいじめの対象になりました。それで、親に相談したところ、幸福の科学の教えに基づいた対処法を教えてもらうことができました。その方法を実践したところ、やっぱりすぐに解決しました。

渡邉理那さん

喜島　どういうふうにしたら解決したの？

渡邉　私自身が変わるように努力しました。一回一回、いじめを真面目に受け止めすぎて暗くなっていると、そのネガティブな思考が暗い想念を引き込んで、周りに悪い影響を与えます。だから、とにかく明るくして、誰とでも仲良くしました。そして、悪口を言っている子たちに対しても、さりげなく、「ん？」「ちょっと、言っちゃうの？悪口？」（笑）みたいな感じに軽く触れることで、その人たち自身、自分がしていることに気づいてくれるようになって、その人たちに光が少し入ると言うか——。悪口を言うのは良くないことだというのは、みんなも分かっていますから。

この中学校での経験は、いい魂修行になりました。学園では、そういうことをする必要がほとんどありません。

喜島 なるほどね。ありがとう。それでは土井くんはどうかな。

土井 他の学校と違うところですか。

阿部 建物？（笑）

土井 建物がきれいだよね。でも、僕が一番好きなのは、やっぱり、「語れちゃう」みたいなところです。

喜島 そういえば、寮祭でも「語って」いたね。出しものでお笑いコンビを組んだ相方との友情について。

土井 恥ずかしいです、あれは。

喜島 いや、とても良かったよ。

土井 そうですか、ありがとうございます。本当に、自分を包み隠さず、腹を割って話すことができる学校です。だから、勉強で困っていることがあれば頭の良い人に聞けるし、部活で困っていたら、寮のペアレントにも先生方にも、全く抵抗なく、かなり普通に相談できるんです。

僕は陸上同好会に入っていますが、なんだかんだで大変で、勉強もだんだん大変になってきています。でも、ちょうど昨日ですが、ペアレントさんと話をして「何かをやるためには、何かを捨てなくちゃいけないんですかね」という話になりました。僕は、けっこう欲が深いので、同好会も、勉強も、寮生活も、生徒会活動も、全部やりたいんですが、さすがに「これはまずいんではないか」と思い始めていたので、ペアレントさんたちに相談したんですね。そうしたら、「しっかり計画性を持ってやりなさい」と言われてしまいました。僕、計画性がないんですよね。「夜遅くに筋トレや走り込みなんて、できないでしょう」と言われて、「まあ、そりゃそうですねえ」と。「そうしたら、勉強するしかありませんよね」って言われて、「はい、分かりました」って。

土井聖礼くん

喜島　そうだね。まず、何か柱をつくったほうがいいだろうな。

土井　そうですね。

喜島　まあ、勉強なら勉強を柱にして、その柱をきちんと押さえて、他のことは優先順位をつけながら整理をしていくようにすると、あなたができるところと、できないところが見えるかもしれないね。

土井　はい。何の話をしていたのか、分からなくなりました。

一同　（笑）

一番上に立つということは、一番下で踏んばってなくちゃいけない

喜島　次のテーマが、まさに「この学園で学んだことは何か」ということです。一番学んだことは何ですか。

阿部　一番は、相手のことを本当に思って言ったことは、「伝わる」ということです。例えば部活動で勝ちたいと思っても、勝つためには、毎日練習する必要があります。そのためには、みんな勉強をして、特別活動部（部員の成績が一定以上だと毎日の練習が許される。通常は週3日）に指定してもらう必要がありますし、もちろん勉強は、将来のためにも大切です。でも、みんな、「それは分かっているけど、やっぱり疲れて寝ちゃう（笑）」とい

う感じでした。そこで、真剣に話をして、「だから、みんなで頑張ろう」と言ったら、みんな、疲れていても毎日集まって、一緒に勉強してくれるようになったんです。今も、この時間にはここに来ないと落ち着かないというぐらいに、きちんと集まって、みんなで一緒に勉強をしています。

喜島　弓道部の子たちは、カフェテリアで毎日勉強していますね。

阿部　はい。最初は、部活が一緒なだけで、そういうところまで踏み込むのは、押しつけがましいかなと思ったんですが、どうしても必要なことだから、それを伝えたら、きちんと受け止めてくれました。

あと、優しくすることも学びました。私、人に厳しくしがちな面がけっこうあるんです。

喜島　本当？　阿部さんは、困っている子がいると、すーっと行って助けてあげてるよね。

阿部　でも、「言うことが厳しくて傷つく」と言われていたんです。この学園に来て、厳しく言えばいいわけではなくて、本当に相手のことを考えるのであれば、少しユーモアとかを加えながら、やる気を出してもらえる方向で言ったほうがいいことを学びました。

藤森　自分は、今もそこまで積極的ではないかもしれませんが、中学時代、けっこう消極的でした。生徒会でも、自分ではこうやったらいいと思ったことでも、思うという段階で止めて、行動しようとはせずに、人任せにしてしまう傾向が非常に強かったんです。でも、これは、確か体育祭を通してだったと思うのですが、「やったらいいと思うことは、自分でやらないと他の人はやってくれない」という自分なりの気づきがありました。それで、2学期には、生活委員長などを務めさせていただくようになりました。今まで、目立ちたがり屋と思われるのがすごくいやだったんですが、そこを、ある種克服して、2学期からいろいろと頑張れるようになりました。

渡邉　私は、本当に当たり前のことですが、努力したら報われるということが、学園に来てやっと実感できました。今までは、苦手意識を持っている教科は、あまり勉強しませんでした。でも、「学園に入ったからには……」という思いが後押しをしてくれて、数学が一番苦手だったんですけど、勉強するようになりました。今も、まだ全然できないんですけど。

藤森　いや、いや。

阿部　謙遜《けんそん》しなくていいよ。

渡邉　ある程度は（笑）、できるようになりました。

喜島　土井くんはどう？　土井くんは創造性があるよな、漫才をやったり。

土井　はい、やらせてもらっています。

喜島　寮祭のたびに、必ず真っ先に出てきてやってるよな。

土井　まあ、はい、皆様のおかげでございます。

一同　（笑）

土井　漫才のこと話すんですか？

一同　（笑）

土井　学んだことですよね。学んだことは、「責任」だと思います。2学期、3学期と続けて寮長をやらせていただいていますが、やはり寮長ですので、それなりに責任が伴います。小・中と学級委員をやっていても、知らない間に終わっている感じでした。責任を持つというほどやりがいのある仕事にめぐりあえていなかったんだと思いますが、寮長は少し違いました。どう表現していいか分からないですけれど、たぶん、「一番上に立つということは、一番下で踏ん張ってなくちゃいけない」ってことなんですよね。

一同　おー。

喜島　いい言葉が出たね。その通りだろうね。

世界に通用する人材になりたい人、来たれ！

喜島　それでは、最後に、後からこの学園に来る人たちに対して、この学園のPR、お勧めの言葉をお願いします。

阿部愛珠さん

阿部　学園は全寮制ということもあって、例えば、勉強するのが嫌いで、中学校や小学校で勉強してなかったり、毎日遅刻してた人が来ても、必ず心機一転して頑張れます。これは私の体験です。私、しょっちゅう遅刻していた人ですが、そういうこともなくなりました。

それから私は、みんなほど信仰心がなかったです。でも、ここに来ると、生活習慣も正しくなって、親にも感謝できるようになりましたから、もしその辺が不安でも、あまり気にしないで、とにかく入っちゃえばいいと思います(笑)。入っちゃえば、確実に人格も向上しますし、いいことしかないと思います。私も、この学校に来て、それまで勉強が嫌いでしたが、やっと努力もするようになりました。

喜島　勉強が嫌いだったの？　成績いいのにな。

阿部　家では勉強をしていませんでした。でも、学園に来て相当変わりました。だからどんなに今、自分がそういうプラスな人間ではなくて、仮にマイナス5千ぐらいの人でも、ここに来たら絶対プラスになります。

藤森　後輩へのお勧めの言葉ですか。うーん、まぁ一言で言うとしますと、ただ単に大学に進学したいだけであれば、地元の進学校でも事足りると思います。だけれども、世界で通用する人材になりたいとか、人として素晴らしい人になりたいとか、何と言うか、ある種、儒教で言うところの「君子《くんし》」になりたいなら、ぜひ、学園に来ることをお勧めします。

阿部　出たー（笑）。

喜島　君子か。ノーブレス・オブリージとも関わってくるだろうね。渡邉さんはどうですか。

渡邉　「学園に入学することは、本当に尊いことなんだ」ということをよく理解してから、学園に来ていただきたいなあと思います。やっぱり、学園に入学するということは、本当に、言葉にならないくらい尊いことですから。それをきちんと理解すれば、そういう学校に入学するためには、どういう心構えを持つべきかというのが分かってくると思います。ぜひ本当に、感謝の思いで入学してきてほしいですね。

土井　僕が実感したのは、学園に来たら間違いなく本当の友達ができるということです。つらいこととか苦しいことも一緒に乗り越えていく、例えば、夢や大変な目標に向かって、一生懸命、一緒になって努力できる友達というのでしょうか、親友であり、心の友です。

一同　おー！　言うねー（笑）。

土井　まぁ、僕も言いながら、ちょっと「やっちまったなぁ」って（笑）。でも、寮生活ですので、本物の信頼関係というものが自然とできます。

喜島　裏も表も全部丸見えで、何も隠せないからね。

土井　はい、隠せませんので。だから、中学校や小学校の親友とは、明らかにレベルが違うんですよね。

喜島　それが寮生活、全寮制のいいところだということだね。そういう信頼できる友達ができると。ところでみんなホームシックは？

一同　ないです（笑）。

喜島　中学生と高校生とは違うかもしれませんね。高校生はずいぶん自立しているからな。ということで、こういう素晴らしい先輩たちがいますから、安心して、新しい人に来ていただきたいなと思います。

第6章

戦後教育の限界を超えて

座談会

戦後教育の限界を超えて

司会　泉聡彦（学校法人幸福の科学学園理事長）

参加者　森口朗《あきら》（教育評論家）

小泉真琴《まこと》（幸福の科学学園高校教頭）

半井《なからい》庸子（幸福の科学学園中学教頭）

戦後教育の〝密教〟と〝顕教〟

日教組により文教政策が決められる危険性

泉　この章では、教育評論家の森口朗先生も交え、「戦後教育の限界を超えて」というテーマで、教育の目指すべき方向性について考えてみたいと思います。必然的に、日教組教育や戦後民主主義教育、左翼教育の限界を超えてという話になるかと思います。

小泉真琴教頭は、埼玉県の高校や教育委員会でも活躍し、公立の教育行政を熟知しています。半井庸子教頭も、大阪府の高校教諭、そして教育委員会を歴任しており、教育行政に詳しい方です。

森口先生には、私が「ザ・リバティ」の編集者だった時からお世話になっております。そのご縁で2010年の1学期にも当学園にお越しいただき、探究創造科の授業で「教育論」についいて生徒にお話をいただきました。生徒の評判も大変良く、森口先生のお話を聴き、再び教師を目指す決意をした生徒も出てきております。

ところで、森口先生は最近『日教組』(新潮社刊)という著書を書かれました。このあたりの背景や経緯などをお教えください。

森口　この『日教組』という本の中にも書いたのですが、私が、「日教組思想」と呼んでいるところの戦後教育思想、戦後民主主義思想というものがあります。例えば、「何でも多数決で決めるのが正しい」とか、「人権問題というのは差別問題のことである」という感覚。あるいは、「とにかく平和平和と唱えていれば平和が達成される」といったような考え方、メンタリティです。

日教組の考え方の中には、はっきり言ってしまいますと、ガチガチの共産主義的な考え方と、今挙げたような戦後民主主義思想の、両方があるのです。前者は、コアな幹部たちだけが持っている、〝密教〟にあたる部分、共産主義であり、後者は、普通の日教組の組合員や世間に対して使う部分で、〝顕教〟にあたる部分、戦後民主主義です。

ところが、中曾根行革の時に、連合ができ、日教組から共産党が抜けてしまいます。

泉　全教（全日本教職員組合）ですね。

森口　ええ。ただ、ここは多くの方が誤解していますが、なにも共産党員だけが共産主義者ではなくて、旧社会党員はそのほとんどが共産主義的な考えを持っていたのです。共産党を除名された人、戦前から共産党と袂《たもと》を分かっていた人、あるいは共産党は戦わない左翼だからけしからんと言ってゲバ棒をふるっていた人、そういった人たちが集まっていたのが旧社会党なのです。

共産党員は抜けましたが、その社会党系の共産主義者たちが残って日教組が存続しました。彼らは先ほどの日教組思想の部分、戦後民主主義という顕教の部分は、うまく布教してきました。しかし共産主義思想、つまり密教のほうの布教には、あまり成功していません。このことは、例えば今、過激派左翼の学生が何%くらいいるかを考えれば明らかです。となりますと、放ってさえおけば、新陳代謝によって、日教組から共産主義者は駆逐されます。問題は、日教組によってつくられてしまった戦後民主教育的価値観だけになる、これこそが本丸であると、私はずっと思っていました。

しかし、民主党政権ができてしまいました。その結果、年々減り続け、30万人を割ったこの日教組が、権力の中枢に入っていきました。

かつての自民党を想像していただけると分かりますが、その一つひとつの政策は、実はたかだか何十万人の人たち、あるいはせいぜい何百万人の人たちが決めます。例えば、厚生行政を決めるのは、医師会、薬剤師会、歯科医師会の「三師会」で、全部合わせても30万人くらいしかいない人たちです。それが厚生行政に対して、圧倒的な力を持つわけです。土建業界は日本で一番就業人口の多い産業だと言われていますが、それでもたかだか500万〜600万人でした。しかし、その500万〜600万人が、日本の土建行政の方向性を決め、国民が払った税金の使い道を決めていました。

教育評論家　森口朗氏

つまり放っておきますと、これと同じことが日教組30万人弱の人によって、文教行政で起こってしまいます。ですから、ここは本丸に行かざるをえないと判断したわけです。
民主党政権ができなければ、私は戦後民主主義だけを批判するつもりでした。

泉　顕教だけをということですね。

森口　顕教だけを。しかし民主党政権ができたことによって、いまやほとんど顕教集団になりつつある日教組について、日教組の人たちでさえ知らないその密教の部分、そして歴史まで全部繙《ひもと》く必要があると思ったのです。ですから『日教組』の中には、教員の方もほとんど知らないことが書かれていると思います。

半井　読ませていただきましたが、よくここまで調べられたものだと思いました。

森口　ありがとうございます。

混乱する公立学校の現場

泉　日教組の密教にあたる部分が、共産主義であるとのことですが、小泉教頭が教育委員会でおられた埼玉県では、実情はどうでしたか。

小泉　私は、埼玉県の教育委員会で、高校の入試、つまり入り口の所と、出口の所である進路指導を担当していました。そして、まずは入り口の改革ということで、高校入試の推薦制度を廃止したのですが、その時は、組合の方との交渉を何度か行いました。

ご存じのように、埼玉というのは、あの竹内克好氏が１９８９年から93年まで教育長を務めた県です。

森口　偏差値廃止を最初に行った県でしたね。

小泉　はい、１９９２年に業者テストの追放によって、偏差値というものが全部なくなり、中学校において進路指導が機能しなくなり、その結果、学力低下がひどくなって、本当に大変な状態になりました。各方面からの要請もあり、学力を基本とした入試改革を進めていく中、中学校の組合の方とも様々な交渉をしました。

厳しい交渉を重ね、なんとか高校入試の「推薦」を廃止し、学力テストで高校へ進学するシステムが導入できました。その際も、偏差値のことには触れずに、学校が良くなる、中学校が良くなるというところをアピールしながら、廃止にこぎつけました。とにかく「勉強することは善です」と言い続けました。

森口　そんなこと、当たり前ですよね。それを教師に言わなければならないという、このゆがみって、考えてみたらすごいことです。

泉　半井さんのいた大阪の状況はどうでしたか。

半井　そうですね、進学校に赴任する前はごく普通の公立高校の教師でした。組合の組織率が高い学校で、しかも組合の中にも日教組系と全教系の派閥があり、意見の対立がしょっちゅうでした。そんなわけで、学校全体にはなんとなく落ち着かない雰囲気があり、本当の教育現場ではないと感じていました。

森口　しょっちゅう意見が対立をしているのに、国旗・国歌の件で校長と交渉する時だけは手を組むんですよね（笑）。

半井　校長との交渉は、気の毒になるほど、激しいものでした。

共産主義が入るとなぜ道徳が否定されるのか

泉　共産主義思想が入りますと、なぜ道徳が否定されるのでしょうか。

森口　資本主義というものがうまく回るためには、実は、キリスト教道徳が必要だという考え方が、そもそもあるわけです。ただそれは、日本が資本主義に成功したことによって、プロテスタントの道徳だけではなく、いわゆる道徳観でいいということが世界史的には証明されたと私は思っているのですが。いずれにせよ、資本主義は、ガチガチの「金がほしい」だけでは生まれませんし、うまく回らないのです。

ですから、資本主義を敵視している人たちからしますと、資本主義をうまく回すための道徳観は、必ず敵になるんです。

それともう一つ、これは仙谷さんが言葉にも出しましたように、共産主義の考え方からすると、「資本主義国家は、国家そのものが暴力装置」なんです。その中でもコアな暴力装置が警察や軍隊であると。これはマルクスというか、レーニンが言ったのですが、共産主義の考えを取る人たちの中ではこれはもう常識です。

それで資本主義の暴力装置である資本主義国家、あるいは軍隊に対する憎悪というものを育《はぐく》むことは、共産主義革命というものを夢想している彼らにとっては正しいことなんです。

泉　イデオロギー的に資本主義を成り立たせているものは否定するということですね。

森口　そういうことです。

泉　小室直樹さんも言っていましたけれど、戦前は、二宮尊徳が資本主義のモデルでした。その二宮像も昔、私が小さい頃はまだ学校にあったような気がするのですが、今ほとんどなくなっています。

森口　これはむしろ共産主義というより、戦後民主主義の中での文脈の使われ方ですが、先ほど「戦後民主主義というのは顕教だ」という言い方をしましたが、これは戦後民主主義を信じている人たちにとっての顕教であって、密教信者にとっては「方便」なわけですよ、資本主義道徳を潰《つぶ》すと言っても、さすがに日本国民は受け入れません。ですから、その時に「封建道徳を潰す」という言葉を使ったのです。そして、その潰すべき封建道徳の代表として、二宮金次郎というものを持ってきた。しかし二宮金次郎は、明らかに封建道徳の代表ではない。二宮金次郎が道徳の模範にされたのは明治国家になってからで、江戸時代あるいは幕末において、道徳の基本ではなかったのです。二宮金次郎が象徴するものは、資本主義道徳なのであって、封建道徳ではないんです。

半井　私たちは、二宮尊徳像を自助努力の精神の象徴だと考えています。しかし、組合の考え方の中には、全体の結果平等を重視するあまり、個人個人の努力の成果を公平に評価する観点が欠けているように感じることがありました。

教育における宗教的真理の大切さ

人より上の存在がなければ、人権概念や道徳思想は生まれない

泉　幸福の科学学園では、道徳教育はもとより、宗教教育を行っています。「宗教的真理が入っていると、普通の学校と全然違う」と、生徒たちも言っています。

半井　幸福の科学では、霊的人生観というものを持っていまして、人間は生き通しの魂で

あり、神仏が存在していることを信じています。ですから、すべては見通されていて、ごまかしは利かず、原因―結果の縁起《えんぎ》の理法も必ずかなうと考えます。この世でかなわなくても、転生輪廻《てんしょうりんね》の過程では必ずかなうということを信じていますので、一切嘘がつけません。子供たちも本当に正直に生きていると思います。道徳以上の道徳を持っている、そんな感じがいたします。

森口　なるほど。

半井　子供たちは、入学してまだ1年も経っていませんが、見違えるほど成長しています。

小泉　とにかく心の教えがありますから、さまざまな状況変化の途中で、子供たちに何らかのブレーキがかかるというのでしょうか。やはり人間ですから、多少のいざこざは起きたりするのですが、お互い心の内のどこかで、これ以上やってはいけないという自制心が働くようです。ところが、何も宗教的真理がない今の公立中学・高校だと、行くところまで行く生徒も多く、もう「気に入らなかったらみんなでやっちまおう」といったところまで行くことが多い。

半井庸子 教頭

やはり道徳や心の教えが、非常に大切だと痛感しています。

森口　人権という概念もそうですが、道徳という考え方も、人よりも上の存在というものを認めずして、果たして、それが成り立つのかというところがあります。

有名な話ですが、新渡戸稲造《にとべいなぞう》が『武士道』を書いたのは、キリスト教というものがない日本人になぜ道徳心があるんだという、アメリカ人の素朴な疑問に対する答えとして書いたのだというのです。そして、結局のところ、その武士道道徳というベースには、やはり「天」という概念があり、それが、仏教から来るとか、儒教から来るとか、神道から来るなどと、新渡戸稲造は分析しています。

人権概念も、キリスト教というものがなくては、明らかに生まれなかったわけです。今まさしく、無神論というものがはびこってしまった中で、本当に道徳や人権というものを信じていけるのかという命題が、我々に突きつけられていると思います。

幸福の科学学園への期待

森口　そして、それに対する一つの答えが、たぶん、私は2006年の教育基本法の改正だったと思います。この新旧の基本法の、宗教教育に関するところの違いは、宗教に関する一般的な教養、ここを教育上尊重せよと言っていることです（第15条「宗教に関する寛容の態度、宗教に関する一般的な教養及び宗教の社会生活における地位は、教育上尊重されなければならない」。傍線部が改正法で追加された箇所)。

さすがに何々教そのものを、公立学校の中で教えることはできません。しかし、「何々教においては『生』はこういうふうに考える」とか、あるいは、「人権概念はキリスト教から出て発展したものである」とか、そういったことを、堂々と教えていい時代が来た、そして、それは法律によって裏づけられたのだと私は思っております。

話が飛びすぎで恐縮ですが、宗教法人が母体になって設立された学校はすべてそうだと私は思うのですが、二つの役割というか使命があって、一つは、もちろん「それぞれの教義に基づいた教育を行う」ことです。これはその学校でしかできませんし、ごく当然のことだと思います。

もう一つは、「今の学校ではできていませんが、本来、公立学校でできるはずのことの範《はん》を示す」という役割も担っているのではないかと思います。そして、そこが、私が幸福の科学学園に期待しているところなんです。

それはどういうことかと言いますと、一般的な宗教観、神とか仏とか、もしそれが言いづらかったら、天と言えばいいと思いますが、そのような、公立でもできる、一般的な宗教観に基づいた道徳教育です。もちろん学園に入ってこられる生徒さんは、ご家庭で、幸福の科学の教義をお聞きになっている生徒さんが圧倒的多数だと思います。ただ、今まで公立学校の授業しか受けていない生徒さんが入ってきた場合にされるような一般的な話、公立学校でも「ここは使えるな」みたいな授業もやっていただけますと、ありがたいなという気がします。

泉　当学園の建学の精神は、一つは人材の育成ですが、もう一つは、教育改革ですので、ぜひモデルとなっていく学園でありたいと思っております。

神仏の存在なき多数決主義では、いじめ問題は解決できない

泉　ところで、公立学校で問題なのは、価値判断における多数決的な考え方ではないでしょうか。いじめは特にそうですが、いじめられるほうは少数ですから、多数決だと絶対に解決しませんね。

森口　神から与えられた人権だという概念がなければ、ではなぜ多数決で決めることがだめなのかが分からないと思います。人権が、神から与えられたものであればこそ、99人の人間が侵そうとしても侵せない残り一人の人間の尊厳が存在するんです。それは、人99人よりも、神のほうが上だからです。この概念、この感覚がなければ、人権なんて概念は、理解できるわけがありません。理解できなければ、ただのきれいごとになってしまうと私

は思うのですが。

泉　「神仏の存在が人権のもとにある」という歴史的常識も、日本ではほとんど教わりませんしね。そもそも公立では、信仰ということが、正面から一回も出てきませんので。この部分の改革が、日本の課題という感じが一つありますよね。

また、道徳教育においても、「モラルジレンマ」と言って、例えば、「貧しい家庭でお母さんが病気になり、子供が薬局で万引きしてしまいました。これは是か非か」みたいな教材が多い。結局、最後は、「善悪は相対的なんだ」みたいな方向になってしまう。

森口　それで、結局、道徳律が崩壊するんです。

確かにモラルジレンマというのは、どんな道徳律にもあります。例えば、儒教道徳でも「忠ならんと欲すれば孝ならず、孝ならんと欲すれば忠ならず」という言葉があります。しかし、そうしたことは、最初の段階を過ぎ、モラルというものが理解できた時に、モラル原理主義に陥り、それ一本で進んだ時の危うさを教えるためにあるのです。それは、まだ何が正しいか分かっていないような小学生や中学生に投げかけるべきことでは、決してありません。

半井　子供たちも、わけが分からなくなりますね。

学力低下を克服するには

偏差値追放がもたらした〝大混乱〟

泉　学力の話に入らせていただきます。先ほども話は出ましたが、小泉教頭のいた埼玉は、偏差値追放、業者テスト追放を最初にやりました。

小泉　その頃は、まだ高校の学校現場にいましたが、公立の迷走ぶりを見て、成績上位者が私立のほうにどんどん逃げていきました。また、中学の進路指導の先生たちも、偏差値がなくなったため、信頼できる数値がなくなり、進路指導ができなくなって、結局——。

森口　塾が進路指導をするように。

小泉　そうなんです。それで、埼玉では進学塾が非常に多くなってきました。

高校にいた感覚から言うと、とにかく生徒の学力が落ちてきて、小数点の移動ができないとか、分数のかけ算・割り算がろくにできない生徒が、どんどん高校に入ってくるようになりました。「これはなんとかしなければいけない」という時に、「新学力観」というものが導入されて、さまざまな観点で生徒を評価しようという形になりました。推薦制度も導入され、とにかく中学でおとなしく勉強していれば、高校に入れる形になっていたのですが、中学校の進路指導は荒れる一方でした。そこで、「そんな学力観に基づく推薦など不要だ、とにかく学力テストを基本とした高校入試改革をしよう」という話になったわけです。

数年前、私が教育委員会にいた時に、竹内元教育長から、県庁でお話を聞く機会がありましたが、その時も、まだ「私の改革は正しかった」と言っていました。

泉　1992年当時、世論も喝采《かっさい》していましたよね。

小泉　確かに、私立高校で、業者テストを使っての「青田買い」「輪切り」が行われていた面もあったのです。そこで、業者テストの偏差値が敵視され、「偏差値で泣かされては大変だ」ということになり、「偏差値自体をなくしてしまえ」ということになったのです。

泉　道具の使い方が良くないのに、道具そのものを潰《つぶ》したという感じでしょうか。偏差値そのものが悪いわけではないと思いますが。

小泉　その前から、「15の春を泣かせるな」というスローガンがよく使われていました。「泣かせちゃいけない」「全員、高校に行かせるんだ」という話があり、そこも結びついてしまったのです。

そのため新学力観を受けた子供たちが入ってきた結果、どんどん学力が落ちていきましたが、私が2校目にいた学校では、入学時から基礎・基本ができていない生徒が増えてきたのです。私は高校の理科教員だったのですが、理科という科目は、計算ができないと話にならない面があります。しかし、その計算がろくにできません。そういう子供が増えてきた結果、それまで普通に授業で説明できていたことが、次々とできなくなり、授業レベルをどんどん下げざるを得なくなりました。

森口　学力低下問題における常識的な話ですけれど、学力が上の子も落ちているんですけれど、下の子の落ち方が、非常に激しいのです。

小泉・半井　その通りです。

小泉　新学力観は「できる子は、やればいいいんじゃないの。できない子は好きにやっていていいよ」というような学力観なので大変なことになりました。そうした中で、どんどん学力が落ちて行き、どうしようもなくなったというのが実感でした。

泉「関心・意欲・態度」を評価することで、内申書で生徒を支配したいという狙いもあ

小泉真琴 教頭

るわけでしょうね。
小泉　そうです。ですから推薦の割合がどんどん増えていっていました。

「塾のいらない学校」を自ら実践

泉　半井教頭が、個人として、学力向上のために努力した点はありますか？
半井　私は、「生徒を信じ抜く」ということを貫き通しました。子供達には、本人も気づいていない可能性があります。仏性と言い換えてもよいのですが、それを私が代わりに信じてあげる。子供たちの中には小さい時から、周囲からの何気ない言葉等により、自分の可能性を否定されたかのように思い込んでしまって、「自分は駄目なんだ」と感じてしまっている子供もいるので、「いやそうではなく、すごい力があるんだ」ということを代わりに信じて信じて、光の言葉を押し込んでいくうちに、「もしかしたらできるんじゃないかな」と生徒が思い出すと、ぐっと伸びるということを、何度も経験しました。ピグマリオン効果の実証ということかも分からないですけれども。
　教え子に、塾に通わず現役で東大理Ⅲに入った子もいました。実際に輩出したことがないと、「ものすごいことなんじゃないか」と思うかもしれませんが、それは幻想です。普通の子なんです（笑）。他の人と違っているのは集中力の凄さと、努力を自然体で継続していけるところでしょうか。そんな普通の子が、コツコツと自分を信じて努力を重ねていくと、東大も近づくんだということを、私は目の当たりにしましたし、そして、一人そういう子が出ますと、周りも「グーッ」と合格に近づいていくんですね。本当に不思議なのですが。
努力したこととしては、東大などの難問集、やはり予備校だけしか持っていないという難問集を、学校から予備校に掛け合ってちょうだいして、実際に教材として使いました。
森口 それは素晴らしい。
半井 高校3年生の授業の教材は、予備校の難関コースと同じものを使いました。ですから生徒には、「みんなが浪人したら、もう一回同じことをやることになるから、絶対浪人はしないように」と言っていました。
泉 塾のいらない学校を、自身で実践されていたわけですね。
半井 予備校の教材は練られていて、本当に素晴らしいです。それを学校で一教師がつくろうとしても、つくれるものではありません。

教師に求められる〝異文化コミュニケーション〟

泉 森口先生の考えられる、授業力向上のポイントはどのような点でしょうか。
森口 そうですね、これは私自身素人で、門外漢ですので、いろいろと見させていただいた感想にしかすぎませんが、やはり教え方だけに特化している方よりも、自分自身が学び続けている方のほうが、結局、教え方もうまいのかなという気はいたします。

小泉　いや、もうその通りです。

森口　先生方の研究会というのは、どうしても皆さん知識は持っているということが前提になっています。「自分たちが共有している知識を、さあ人にどう分け与えましょうか」という、この部分の研究は、いろいろな先生方もよくなさるんですよ。しかし、そもそも、その前提は本当なのでしょうかというところがあります。

こうした点が、一番シビアに出るのが英語です。なぜなら英語は、ビジネスマンと同じ土俵で、TOEIC《トーイック》とかTOEFL《トーフル》を受けなければいけないからです。そして、英語の先生方の得点というのは、実は、ビジネスマンと比べて決して高くありません。しかし、やはり優秀な先生方は努力を続け、自分の英語力も高めながら、英語の教え方も研究していますよね。他の教科では、こうはいきません。物理の先生が、メーカーのエンジニアと比べて、どちらが物理の能力が高いかなんて比較しようがない。しかし、英語の先生は、ビジネスマンと英語力を比べられてしまいます。その意味では英語という科目は、とてもシビアな世界です。

泉　幸い学園の先生方は、TOEIC900点以上の先生がほとんどです。英検1級の先生もいらっしゃいます。学園としては英語に力を入れていますね。

森口 それから、日本の公立教師のメンタリティとして、「この学年ではここまでしか教えてはいけない」とか、「そこは勉強しなくていいから」といった感情が、小・中の先生、特に小学校の先生に強くあります。そういった意味で、教えるテクニックを学ぶのはお好きですけれど、自分の教科そのものの勉強を深めるのは、実はあまりお好きではない方が多いように思います。

半井 自分を越えてほしくないみたいな気持ちかもしれません。しかし、自分を越えていってもらうことに喜びを感じる、そのような気持ちが大事かと思います。

泉 教員が学び続ける、そのためのモチベーションを培うコツはあるのでしょうか。

森口 どの業界もそうだと思うのですが、学び続けている方の特徴は、人脈が広いことです。狭い場所にいると、学び続けなければならないということを実感する機会が少なくなるのですが、つき合う幅を広げてみたら、この業界にこんなすごい人がいる、あるいは反射的に、自分の業界にも実はこんなすごい人がいることを知ったりします。その意味で、自分たちの狭い業界だけではなく、〝異文化コミュニケーション〟をとっていくほうが、結局は、自分の文化の中でも伸びるような気がいたします。

塾に学ぶ授業力向上のポイントとは

泉　森口先生は、塾の授業を研究する大切さをおっしゃっていますね。

森口　「塾のいらない学校」という理想は、確かにとても素晴らしいのです。しかし、例えば、いわゆる左翼系の方が、同じ言葉を言った時、これは、「塾のいらない学校制度」のことなのです。つまり、塾はいらなくて、「たとえ学力が下がろうが、皆が、がつがつ勉強しなければ、希望通りの学校に行けるではないか」ということを、同じ言葉で語る人が、日本の教育界にはいます。むしろ、そちらのほうが多いくらいです。

小泉　そうだと思います。「塾がなければ俺たちは大丈夫だ」と（笑）。

泉　塾の廃止論ですね。

森口　そう、塾廃止論です。しかし、世間には塾がたくさんあり、生徒は現に通っているのです。そうした現実がある中での「塾のいらない学校」というものは、「塾に通っている子にも、学力で負けない子供をつくる学校」という意味でなければなりません。であれば、冷静に、ライバルの研究をするのは、当たり前のことです。

泉　しかし、一般的に、学校の先生は塾がお嫌いですよね。これはなぜでしょうか。やはり戦後民主主義と、共産主義のところなのでしょうか。

森口　いえ、そんなに高尚なものではない気がしますよ（笑）。先生方を前に、言いにくい面もありますが、例えば、正規軍よりゲリラのほうが強かったら、正規軍の人間は不愉快ですよね。そして学校の先生には、「教育関係の王道は自分たちだ」という自負は、やはりあるはずですし、その自負は間違いなく素晴らしい自負なのです。しかし、これが形式論に陥って、例えば「正規軍は、銃を撃つ時は、必ずこう構えてから撃つのだ」と言っていて、そうした中で、「とにかく銃を撃てばいいのだ」というゲリラと遭遇し、戦って負けてしまうといったような面があるのかもしれません。

これはある意味で学校の宿命の部分があるのですが、学校は勉強と、行事と、道徳などがあって、渾然《こんぜん》一体としています。本当に学力だけで勝負した時に、「それに特化した塾に、本当は勝てないかもしれない」という思いと、しかし、「俺たちが研究者の王道であって、あいつらは亜流だ」というような、もやもやとした感覚があり、塾が嫌いなんじゃないでしょうか。

小泉　この学園では、いろいろな塾の取り組みを研究し、できるだけ良いところを取り入れようと努力しています。泉理事長からも、さまざまな事例を紹介いただくことは多いのですが、そうしたことを、いろんな先生方と共有し、実際に授業に取り入れています。

また、学力向上の成果を測る部分では、外部模試を生徒全員が必須で受けていますので、その数字を使って、どのくらい学力が向上しているかということを測っています。あと、生徒による教員の授業評価も学期ごとに実施しており、校長のほうからその評価を教員にフィードバックしています。必ず成果を問うて、塾の要素を入れていくということを行っていますが、こうしたことは公立では、到底できないことでした。教育委員会の時も、せいぜい、塾や予備校の先生を呼んで、教師たちに授業をお見せして、真似できるところは真似してほしいと言うぐらいのことでした（笑）。

この学園では、理想に向けて、自由にやらせていただいています。塾のいらない学校をつくるという理念でもともと運営していますから、そこは全く違います。

半井　授業も全部オープンです。事前に担当教師にあいさつをしなくても、誰の授業を見に行ってもいい。それをお互いに行い、意見も交換しています。

泉　ちなみに生徒によるアンケートは無記名です。生徒も辛らつに言いますよね。

半井　言われます、はっきり言われます。しかし、努力して授業が良くなりますと、すぐに授業の評価も良くなります。そこは非常に勉強になります。

森口　それから、授業力向上には、授業を撮影するといいですね。自分が話している時の自分像と、撮られて、もう一回見た時の自分の姿というのは、明らかに違います。反省すべき点が見えてきますし、それこそ滑舌《かつぜつ》の悪さまで、反省ができます。

先生方も、生徒さんから指摘を受けたとしても、「いや、これは、相手が分かってくれなかっただけだ」と思う気持ちが出ると思うのです。しかし、自分の授業をもう一回見ることによって、「やはり言われてみればそうかな」という思いが出ることがあると思うんですよね。

泉 それを受けて、反省して向上していけるということですね。塾だと、普通にカメラは入っています。

森口 その授業の映像をライブラリー化しておきますと、それは、生徒さんにとってもよいことです。「ここ、少し分からなかった」という時に、もう一度見ることができますから。

良い教師の条件とは

泉 ところで、良い教師の条件というのは、半井教頭としては、何だと思いますか。先ほどは、「生徒を信じ抜く」とおっしゃっていましたけれど。

半井 生徒に対する尊敬の思いではないでしょうか。一人の魂として見た時に、たまたま先に生まれただけであって、向こうのほうが素晴らしいという、そうした尊敬の思いを持てるのが、良い教師の条件だと私は思います。

泉 吉田松陰先生も、「自分は全部に優れているわけではなくて、部分的には、あなたのほうが優れている。ともに学びましょう」と言っていましたね。半井教頭は、学校の先生になる前に、1年間、民間企業におられたんですよね。

半井　やはり民間の会社は非常に厳しくて、夜遅くまで仕事をしていましたし、勤務評定も厳しくつけられていました。公立学校は倒産の心配もなく守られているがために、安心感の中で生徒をゆったり育んであげることができる反面、教師の側が油断すると、自分達に対して甘くなる危険があると感じました。

たった1年なのですが、民間会社の経験をしたことは、教師になってから非常に役に立ちました。森口先生がおっしゃるように、教師は世界が狭くなりがちです。もちろん、努力されている方は別ですが、自然に任せていると、知らない間に狭くなって行きます。主に触れ合う相手が、同僚の教師、生徒、保護者であり、教室の中では一国一城の主ですから、気をつけていないと、錯覚してしまいます。

森口　6歳の時から学校しかご存じないですからね。

半井　生徒から教師になっただけで、教室から出ていませんからね。

森口　ですから、本当に、つき合う人の幅も広げてほしいなと思います。

泉　今、社会人が教師になかなかなりにくいですよね。もし免許制度がゆるくなって、入れるようになるとだいぶ教育現場が変わるでしょうね。今は教員が足りないんですよね。

森口　そうですね、これまた困った話なんですが、法定定数が決まっていますので、40人学級は維持しなければいけない。ですから、辞めた教師の分は採用しないといけないということになります。しかし、いったん採用してしまうと、公務員ですから、「余ったからあなたクビです」とは今の制度だと言えません。ただ、ちょうど中・長期的には少子化で、子供はまだまだずっと減っていきます。つまり、今足りないからと法律通り採用すると、将来、教師が余るという問題があるんです。それに対する民主党の解が、要は、35人学級にしてしまおうということなのです。

泉　生徒のためでなく教員のための政策なんですね。それよりも規制を緩和して、社会人が教師になれるというほうが。

森口　はい、そうしたら50歳からでも、バンバン参入してということがあるわけですから。

泉　規制のある業界というのは強くならないですね。実感します。

創造性は豊富な知識から生まれる

スーパー・サイエンス・ハイスクールでの経験

泉　幸福の科学学園では、宗教教育、塾のいらない学校に加え、三番目に創造性教育をうたっています。

小泉　私は、理科の指導主事として埼玉県の教育委員会に入りました。当事、先輩たちの時代からの流れで、「スーパー・サイエンス・ハイスクール（ＳＳＨ）」で、埼玉の理科教育を盛り上げていこうという動きがありました。

これは、「理科の天才的な子供を育てよう」という、文部科学省による施策だったのですが、私がいた時に、県立だけで４校がＳＳＨに採択され、公立校での採択数が日本一になりました。後に東京に抜かれましたが。

公立が伸び悩み、優秀な生徒が私立に流れていましたので、どこの公立高校も、難関大学進学者を減らしていました。そうした中、上司とも、「とにかく公立高校のトップの子たちを盛り上げよう、創造性豊かな天才的な子供をつくろう」ということで、SSHの盛り上げに動きました。

そして、4校の指定校では、マサチューセッツ工科大学や東大、京大、理化学研究所などの研究所に連れていき、最先端の研究を見せ、理科的な面での創造性を高めようと取り組みがなされました。私も京都の堀川高校をはじめ、先進的な取組をされている学校には、何度も足を運びました。

そして、私が指導した生徒ではありませんが、県立のトップレベルの女子高校の生徒が、2006年のISEF《アイセフ》という学生の世界大会に日本代表で出場し、プラナリアの研究で動物学部門の世界第1位を取りました。

森口　ニュースになっていましたね。

小泉　はい。その発表会には、2年後にもまた同高校から出場しており、異なる研究で動物科学部門の2位になる生徒も出ました。そのような取り組みを推進しておりましたので、この学園においても、理科だけではなく創造性ある教育を展開したいなあと思い、今、探究創造科を担当させてもらっています。

泉　そういったトップクラスの子の特徴は、どういったところにあるのでしょうか。

小泉　やはり、一つのことに対する、ものすごい、やる気、研究心、探究心です。自分のやりたいところを、本当に突き詰めて勉強していくのです。

その生徒を育てた先生は、生物の先生なのですが、とことんその子供を支援し、二人三脚で研究に取り組んでいました。朝から晩までプラナリアの研究のことを考えていて、もう口を開けたらプラナリアの話しかしない（笑）。いろいろな文献を紹介するなど、先生の惜しみない援助と、その子の一生懸命やろうという努力の姿勢の、双方の力があって、世界一になるような子が生まれたのかなと思います。

私も、そういう天才的な子供が生まれる場面を、間近に見ましたので、ぜひこの学園でもそのような生徒を生み出したいなあと思っています。とにかく先生に素晴らしい方が多いですから、私は可能だと思います。

森口　大正自由教育的な伝統を引き継いでいる学校で、はっきり言ってしまえば、比較的偏差値の低い学校が、日本のこの創造性という言葉を、教育界ではけっこう牛耳っていたりします。私は、そのあたりの影響が、ゆとり教育の思想的バックボーンとしてはあったと思うのです。

つまり、知識の詰め込みと創造性とが、あたかも、相反するもののようなイメージで語られ、「偏差値秀才は、創造性がない」といった言説がまかり通っていました。

しかし、実際ＳＳＨというのも、明らかに偏差値の高い学校しか、指定は取れないわけです。それは当たり前のことであって、知識という引き出しが多いからこそ、創造性が高まるわけです。

偏差値教育の先にあるもの

泉　森口先生の書籍『偏差値は子供を救う』の中で、とても印象に残っているのが、マニュアル人間に関するところです。優秀な人にも、脱マニュアル人間、マニュアル開発人間、高度マニュアル人間というることで、要するに、上の層というのは、脱マニュアル、もしくはマニュアルをつくるほうで、彼らは絶対評価がふさわしい。真ん中の人たちは偏差値による評価で、下の人たちは到達度で評価するのがいいんだと。こうした議論はほとんど日本にないような気がします。

森口　そうですね、全くない議論ですよね。

泉　偏差値が当てはまるのは、中間層なんですよね。だから、上の子にまで、全員偏差値でやらせると確かに弊害もあるわけですよね。

森口　偏差値が80か、81なのかなんて、絶対競わせるべきじゃないですよね。意味ないです。

泉　だいたい75ぐらいから意味ないですか。

森口　意味ないです。70を超えれば、基本的にはいいと思いますが、今の公立だと、全体アベレージが低すぎるので、70だと基準としては、少し低いかもしれません。

泉　そこを超えたら、絶対評価といいますか、創造性などで測るべきだということですね。

そういう意味では、高校の探究創造科も、今、個人課題に移っていて、高2の秋に論文をまとめるという作業に入っていくのですが、そういった、創造性の芽といいますか、5教科を超えた部分の創造的知性の教育をやろうと思っているところです。理系だけじゃなく、文系の科目も全部含めてです。

森口　そして、これは大人にとっても当てはまりますが、創造的な仕事を続けている人たちだって、むしろ、そういう人たちこそ、常に基礎トレーニングは怠らないのです。スポーツにおける一流の選手が、ウェイト・トレーニングを行うのと全く同じです。

泉　私たちも、基礎に、宗教教育と学業・勉強があって、その上に創造性があるのだと位置づけています。

ただ、入試の段階でも、明らかに創造性があるけれど、点数が出ない子がいることも事実です。そうした子に向けて、自己PR入試という枠がありまして、一応、学力も見るのですが、学力のみによらない選抜も行っています。明らかに独創的な体験がある子とか、語学・スポーツ・芸術・文化などで秀でている子を見ています。あとは、何より、喜島《きじま》校長が創造性が非常に高いので、生徒からも「校長の影響は非常に大きい」という声が多数あります。

泉　この創造性については、公立にも、総合的学習の時間がありますが、なかなか限界もあるのでしょうね。

森口　素晴らしいですね（笑）。

森口　それはもう、間違いなくあります。むしろ公立学校に求められているのは、自分たちで全部をやるのではなく、そうした子を探し、アナウンスをする役割でしょう。「この子、うちの学校のレベルを超えているのですが」ということをアナウンスする。そうした子は、その授業についてだけは、国家機関などのレベルで教育しても構わないのではないでしょうか。日本に何千とある公立学校が、１校１校、その子の創造性を高めると言っても、そうした天才を育てられる教師が、各校にいるわけではないからです。

しかし、今そうしたシステムがない中では、私立、ましてや宗教法人がつくる学校の場合は、学校の枠を超えた人脈を学校が既に持っているわけですから、それは非常に優位性があると思います。

真のエリートを生み出す教育とは

泉　確かにそうですね。今ちょうど、プルアップ教育（トップ層を伸ばす教育）のような話になったのですが、そのエリートを見抜き育てるという機能が、日本にはないように思います。

我々は「ノーブレス・オブリージ（高貴なる義務）」を学校のモットーとしていて、この書籍も、「高貴なる義務を果たせ」というタイトルになる予定です。森口先生がなされた探究創造科の授業で、生徒に非常にインパクトを与えていたのが、この、「より多くの義務を自分に課すことのできる人間が真のエリートである」という哲学者オルテガの言葉でした。学園生でも、エリートというのは「単に勉強のできる人」とか、「頭の良い冷静な人」と思っていたという声が非常に多かったので、大きなインパクトを生徒に与えていただきま

泉聡彦 理事長

した。

森口　そうですか。うれしい話です。心理学か何かの本で読んだ内容ですが、人は、自分のために何かをする時よりも、他人のために何かをする時のほうが、パフォーマンスが上がるのだそうです。だとすれば、人様のために働こうと思えばいいわけです。そうすれば、自分のために働こうと思っていた昨日と比べて、人は、一日にして、有能になることができます。

このことは、勉強にだって、まさしく当てはまることでしょう。自分は今、何のために、勉強しているのかを問うた時に、「良い学校に行き、良い暮らしをしよう」と思っているよりも、「人様のために役に立てる自分となろう」と思っている時のほうが、勉強のパフォーマンスは上がるはずですし、その勉強を続けていくこともできるはずです。

私はそれがエリート教育なのだと思います。そうした動機をつくってあげることです。何と言っても、子供は先生以上に世間知らずですから。世間には、こんな生き方があって、このような仕事を通して世の中の役立つことができると。そうした情報を、感動とともに与えることができれば、エリートはおのずと生まれてくるだろうと、私は思うのです。

泉　先生の授業の最後に、男子生徒が、「『義務』というのは『使命』ではないか」という発表をしていました。

森口　自分で自分に課したものは、まさしく使命なんでしょうね。その時に、元に戻りますが、やはり、人より上のものがなければ、エゴイズム以上の答えは出てこないと思うんですよ。使命を天命と感じられるかどうかだと思うんです。ですから、やはり宗教教育があってこその、ノーブレス・オブリージでしょう。

泉　やはり、「すべての子に使命がある」という前提に立っていますので、生徒の話を聞いていても、無理にというのではなく、自然に何か見つかるという感じです。もちろん中学1年生だと、まだ、見つかっていないという子も多いですが、「何となくこっち」という、職業とまでは決まっていないけれど、「お役に立ちたい」という方向性は、強く持っています。

小泉　基本的に人のお役に立ちたいという考えを持っている子供たちなので、何らか、自分が生きるとは何かということを、入ってくる時から、ある程度、固まっている子が多いような感じがします。

戦後教育の限界を超えるためには

宗教心と創造性あるエリートが限界を突破する

泉　最後に、この章のまとめとして、戦後教育の限界を超えるためには何が必要なのか、一言ずつお願いします。

小泉　私が考えているのは、こういう学園なので、やはり、今、お話の中であった宗教教育というものが非常に大切ですし、創造性を高める教育を通して、日本のリーダー、世界のリーダーを出していきたいということです。現在、これだけ豊かな国ではありますが、今のままでは、日本がこのまま衰退していくような、そんな感じがとてもするのです。やはり、日本という国をもっと奮い立たせるためには、多くのリーダー、世界に立つリーダーが必要だと思うのです。人のために生きることができる、真のエリートが必要ですし、そうした人は、やはり信仰心があり、先ほどおっしゃっていたような、自分を超えた、高次なもののために生きる人だと思います。

私が教育委員会から、この学園に入ってきたのも、まさに、そういうリーダーとなる人材を創り、日本の教育改革をしたいからです。そうした公立ではできなかったことをやりたいというのが、私がこの学校に来た原点ですので、そういう人材を是非、創りたいと思っています。

やはり、教師は熱意が大切だと私は思っています。この学園に来たら、本当に理想の教育に向かって、やる気のある教員、頑張ろうという教員ばかりでした。この先生方と一緒に、ぜひ日本の教育改革をしたいと思って、今挑戦しているところです。

半井 6月に中国に行ったのですが、工事現場に大きく、〝We will not be second.〟と、書いてあるのを見ました。私たちは二番にならない、私たちは世界一になるんだということを掲示しながら、建設工事を行っているのです。

そこに、底知れぬエネルギーを感じました。子供たちの様子も見せてもらったのですが、中国の子供たちは、やはり、非常に勉強しているのです。日本に追いつき、追い越せということで、頑張っているのかなという印象を強く受けました。

日本は、戦後、豊かになりたくて、一生懸命頑張っていたと思うのですが、今はすっかり豊かになり、その次の価値観が見つからずに模索している状態です。ですから、大人はやはり、次の価値観を子供たちに教えてあげないといけないと思うのです。

森口先生のお話の中でも、神についておっしゃっておられましたが、やはり、より高次なる価値観が必要であり、それを示せるのが宗教だと思うのです。やはりこれからは信仰、信仰心がいると思うんです。主の理想は、地球を丸ごとユートピアにすること、すべての大変な人たちを救っていくということにありますので、子供たちがその壮大な理想を使命感にして、次のエネルギーにして頑張っていくことによって、戦後教育の限界は超えられると私は思っています。

豊富な知識・教養を持つ教師であってほしい

森口　そうですね、私が言ってきたことは、お二人の先生がおっしゃってくださいました。それはもう、本当にその通りであって、あとは、それを、1億2千万人の日本人が納得できる言葉に、どうやって翻訳していくかではないでしょうか。私は「天」という言葉なら、日本の1億2千万人が納得できると思っています。天命を知るとか、そういう話を道徳授業の中に織り交ぜて、そうした中で一人ひとりが、天があっての自分の生き方みたいなものを再構築することが大切なのだろうと思います。

大きな話としては、そのような話になりますが、最後に、少しだけこまかい話で恐縮ですが、言い忘れていたことを述べさせていただきます。

スケールの大きな話をして、生徒に強い影響を与えることのできる優秀な先生はたくさんいらっしゃいます。また、「それぞれの個性を伸ばして、その道で行きなさい」というようなことを言う先生も、やはりある程度いらっしゃいます。

何度かこの話の中で、異文化コミュニケーションをとり、人づき合いの幅を広げていただきたいと申し上げたのは、例えば、こういう話があるからです。

ある子供が、歴史が好きで、歴史の文献をいっぱい読んでいる。そして、将来は歴史学者になりたい。その時に、例えば、「早稲田の文学部の史学科に行こうと思っています。だから、英国社に絞って勉強をします」とその子が言ったとします。入試を突破するためには、それで、もちろんいいわけです。

しかし、先生として、もう一つつけ加えてほしいことがあります。では今、歴史学の最先端がどうなっているかといいますと、そこには、理系的な考古学的手法というものが入ってきているのです。その結果、縄文時代に、採取生活だけではなく、実は、農業もやっていたのではないかと最近言われているのです。これがなぜ分かったのかといいますと、貝塚の栗のDNAが、ほとんどすべて一緒だからです。同じDNAの栗ばかりが見つかるということから、おそらく人工的に栗を栽培していたのだろうと言われているのです。

もちろんこれは、一例ですが、歴史なら歴史をやりたいという場合においても、文系だから文系の勉強だけに絞り込んでいればいいという話ではなくなっているのです。

ですから、先生方が、全部を深く知る必要はもちろんありません。しかし、やはりさまざまな分野にわたる幅広い知識を持ち、絞り込むだけではなく、広く関心を持っておくということも、同時に示唆《しさ》できる方であってほしいと思うのです。「今は、入試の突破のために、とりあえず英国社でいくこともいい。しかしこの勉強もいつか必要になる時が来る。それを頭の横に置いておけ」と、そうしたこともあわせて話してあげてほしいのです。

泉 幅広い視野や教養が必要だということですね。

森口 そうですね。ですから、結局は、明治の「使命感」と、大正の「教養主義」の融合でしょうかね（笑）。やはり「解答は過去にある」（笑）。

泉 あと、幕末の私塾でしょうか（笑）。

森口 そうそう（一同笑）。

泉 幕末と明治と大正ですね。昭和がありませんね？（笑） 本当に、昭和の敗戦の傷で、日本の教育がかなり根底から揺らいだと思うので、その傷を治して、日本の良いところを見直して、それでもう一度背骨を立て直す、そういったところが、戦後教育の限界を超えるということになるかと思います。

私たちも、地道な努力を重ねながら、しかし、志は常に高く持ち、理想の教育を実現してまいりたいと思います。今日は本当にありがとうございました。

第7章
挑戦し続ける幸福の科学学園

幸福の科学学園中学校・高等学校　校長
喜島《きじま》 克明《かつあき》

1959年大阪生まれ。灘中学校・高等学校を経て、東京大学文学部卒業。大手広告代理店でのコピーライター、CMプランナーを経て、1991年幸福の科学に奉職。

新文明建設のための学校構想

誕生日に校長を任されて

――那須本校設立の準備を始められたのは、いつ頃だったのでしょうか。

喜島　学校のコンセプト案を立て始めたのは4年前です。ちょうど2007年の2月、私の誕生日に、幸福の科学学園の創立者である大川隆法総裁から「校長をやらないか」と言われました。

――そうですか、ちょうど誕生日の日に。

喜島　プレゼントで（笑）。

――重いプレゼントですね（笑）。

喜島　（笑）その日に大川総裁から、教育に興味があるかを聞かれて、「あります」と答えました。

以前、月刊「幸福の科学」の編集をしていた頃に、誌面の中に、悩み相談、悩み解決のコーナーをつくったことがあります。その時に、読者の悩みを調べたのですが、読者の悩みの中で一番多かったのが〝不登校〟の問題だったんです。私としては不登校の経験知は全くありませんでしたので、早速研究を始めました。そして、不登校の子を持つ親の会「エンゼル@《アット》ホームの会」を２００４年に立ち上げました。様々な家庭の事情がある中で、どのようにして親子関係を正していくことが出来るのか、そして、子供を不登校に追いやってしまう、現代の教育のひずみや矛盾を見て、どうやったら不登校がなくなるか、どういう教育が理想の教育なのかということを、長い間考えました。そうした研究成果を、現場でお母さんたちに色々アドバイスをしたり、本にまとめたりして、一定の成果が出てきた時期ではありました。

今の学校というのは、30年前、40年前と違って、学校に通わせ続けることで、子供が殺されてしまうというケースが本当にありますから、そういう学校には行かせないという選択が最も賢明な場合も十分にあります。そういう意味で、「自分がとった行動というのは、必ずしも悪ではないんだ」ということ。そしてゴールは何かというと、「自分の足で自分の人生を歩んでいけるようになる」ということです。「元の学校に帰るということが、別にできなくてもいいから、自分の道をみつけて、自分の人生を歩んでいって欲しい、そして、そのための期間にしてほしい」ということをお母さんたちには伝えていました。

また、同時に、幼児教育の分野で、幸福の科学の幼児教育機関「エンゼルプランV」の立ち上げをすることになりました。「試し期間」だったのではないかと今では思っているのですが、ちょうど学園校長となる前の年、２００６年の秋口から始めていました。

そうしたこともあって、教育には非常に興味を持っていました。いずれもが、一定のレベルが見えたところで、学園のお話をいただいた格好になりました。そして、２００７年３月に学園の設立の準備に正式に取りかかりました。

初めは、とにかくたくさんの先生に会って、核になる最初の先生を集めるというところから始まりました。その教職員の目処《めど》を1年目で立てました。

教職員に求めたのは、まずは、実際に、仏法真理の考え方を取り入れて、それぞれの現場を良くする改革をしてきた人であるか、そうした信仰心に基づいて学校教育を良くする努力をしてきたかということ。もう一つは、大学の受験教育ができる先生かどうかということでした。こうした先生たちと「理想の教育研究会」をつくり、各人の実践を交換し、教育スタイルの研究を開始しました。

そして、同時にどんな学校を創るのかというコンセプトを固めていきました。まずは全寮制の研究から始めました。イギリスやアメリカのボーディング・スクールの研究をしていって、全寮制の学校としてのあるべき姿はどのようなものか、宗教教育はどう進めていくか、教科教育のところをどうやっていくのか、文武両道はどう実現していくか、そういったことの青写真を描いていきました。

政治、教育、経済、マスコミ、科学、医療、そうした各分野でナンバーワンになる人間をつくる。そのためには、現時点でのその分野の限界となっている課題に仏法真理を応用すること。そうすれば、必ず新しいブレークスルー、創造というものを起こすはずだと。医学の分野に応用されたら、肉体を超え、霊的な魂のところまで踏み込んだ医療という形になるはずだし、科学の分野に応用されたら高次元の世界まで踏み込んだ科学という形になるはずだと。教育の分野に応用すれば、宗教的真理に基づいて善悪を明らかにして、いじめのない、知性と人格の両方を向上させる教育になるはず。仏法真理の応用によって現代のいろいろな分野の限界を突破し、新文明を創造できると考えました。

各分野の限界をブレークスルーする人間を育てる学校、その基礎教育を行う学校。これをコンセプトの根本に置きました。

２００７年12月、「いよいよ来年から学校立ち上げに入ります」と告知して、２００８年１月から学校の資金集めで全国を走り回りました。

２００８年３月に事業をやってよいという承認が出て、学校法人設立と中学・高校設置の認可が出たのは２００９年の12月１日です。

そして、2009年12月7日に学校法人の設立登記が完了し、この日を学校の創立記念日としました。そして2010年4月に開校を迎えました。

クレームの嵐に耐える

——2010年12月7日の創立記念式典の中で、喜島校長は「1歳の誕生日を迎えた。人間なら、一歩二歩、歩き始めたところで、学園もそれくらい。やっと立ち上がって、本来の姿に向かって、歩き始めたところ」と謙虚におっしゃっていました。創立から現在までを振り返り、実際にやってみないと見えなかった苦労など、率直にお聞きしたいのですが。

喜島　率直にですか？　うーん、はっきり言って、ここまでクレームを言われるか（笑）というほどの、クレームの嵐でした。もちろん一つひとつ真摯《しんし》に対応させていただきました。

授業面で言いますと、例えば、今の英語の教科書がゆとり教育の影響で本当にレベルが下がっていて、その教科書を教えているだけでは、なかなか学力が上がらないという現実がありました。そこで、導入部分を前倒ししてやっていくわけですが、ついてこられた子と、ついてこられなくなった子が出ました。そのように、1学期の成績、特に中1の英語の成績がなかなか上がらなかったというのは、正直あり、親御さんにも心配をおかけしました。

ただ、それについては、ずいぶんてこ入れをしました。具体的には、2学期の中間までで中1向けの指導要領準拠の教科書を終わり、2学期の中間以降、中・高一貫生向けの「ニュートレジャー」という副教材に替えました。レベルの高いテキストで、導入部分をもう1回重ね塗りすることで、成績上位の生徒にも、うまく流れに乗れなかった生徒にも、両方に対応することができました。

――それは、当初、予定していなかったことだったのでしょうか。

喜島　そうです。教材は継続的に研究をしていますが、進学校は特にこの2010年度から急速に「ニュートレジャー」に切り替えが進んでいることが分かりました。うちの学校も、いずれ切り替えるなら、ここの段階でしたほうがよいだろうということで、学期途中ですが、テキストを切り替えました。

そして、英語科の教員を2名増やし、2学期の中間から、中1の英語についても、3段階の習熟度別授業を始めました。数学に関しては、1学期から中1でも習熟度別授業をやっていましたし、英語も高校ではやっていました。中1英語は、みんな基礎から始めますから、通常1学期の間はあまり学力差が出ませんが、1学期の期末で、実質的な学力差が出てきましたので、習熟度別授業に踏み切りました。

さらに、総裁先生から、夏休みまでに30冊を超えるオリジナル英語教材をいただきました。単語集も、本当に中学校の初歩のレベルから、難関大学の入試レベルのものまであり、それまで既存の単語集を使っていたのを、全学年、幸福の科学学園オリジナルの単語集に差し替えました。そして、単熟語を50個覚えると1級ずつ級が上がっていくようなシステムを導入して、毎週スモールステップに分けて単語を覚えていけるようにしたんです。

このように、テキストの中身も変わり、単語力もつき、習熟度別授業によって、自分の習熟度に合ったレベルの授業を受けられるようになってから、明らかに英語の成績が向上しています。11月段階の中学生の模試でも、英語の成績は、他の学校と比べて、かなりくっきりと上がりました。

学業面でのクレームは、1学期は相当ありましたが、今はもう、ほとんどなくなりました。なくなったのは、2学期の中間あたりからです。やはり、英語の教材についてが多かったのですが、人も補強し、教科書も替えてからは、ほとんどなくなりましたね。

今、特に成績上位の子たちにとって、勉強が出来、実力を伸ばせる非常に良い環境にあると思います。

日々是改善　片っ端から根本的に改善していく

――寮生活の面はいかがでしょうか。ここもやはり、保護者の心配も大きいところでしょうし、メンタル面での配慮が必要だろうと思いますが、このあたりへの声は寄せられなかったのでしょうか。

喜島　ここも大変でした。とにかく、学校も初めてですが、寮も初めてです。幸福の科学グループとして、精舎《しょうじゃ》を運営した経験はありましたが、２００人が毎日宿泊し、生活するというのは、誰にも経験がありませんので、どういうふうになるか予想がつきにくかった。アメリカのトップ10のボーディングスクールの内６校に実際に足を運んで教えてもらい、国内の寮制学校も20校近く見学しました。しかし、実際のところはとにかく始めるしかないということで、始めたわけです。

最初は、とにかくホームシックが多かったです。一人ひとり、できる限り丁寧に対応しました。

――ペアレントの方々も大変ご苦労された。

喜島　開校1年目ですから、1学年分の生徒しかいないわけですが、立ち上げでもありますので、できるだけていねいな対応をしようというところで、生徒と同じ寮の単身部屋に入っている単身者の教師の協力も得ながら、手厚くフォローする体制を取らせていただきました。

――親元から初めて離れるわけですから、中には、なかなか勉強に集中できなかった生徒さんもいらっしゃったのではないでしょうか。

喜島　最初はみんな修学旅行気分でわいわいやっていたのですが、やはり人間関係のところがどうしても出てきます。

どの学校でもそうですが、まずは、クラスの中のグループづくりというものが始まります。最初3日間のオリエンテーションがあって、学校周辺を見て回るということで、那須ガーデンアウトレットとか、そういったところにみんなでバスで行く。そして、二人1部屋の寮部屋ですので、お互いで行動するのですが、やはり相性の問題などはどうしても出てきます。

また、12、13歳で、親元から離れて暮らしていますから、なおさら、そうした精神的なストレスから立ち直る難しさのようなものもあります。

だから、最初の頃は、保健室が大繁盛でした。保健室の養護の先生と、もう一人、スクールカウンセラーの資格を持った先生に非常勤で来てもらいました。経験豊富な教師陣もフル体制で生徒の精神的なフォローにあたりました。

おかげさまで、時間が経つうちに、だんだんとクレームも減っていって、特に2学期になったらずいぶん随分減ってきました。

――振り返ってみて、実際にやってみると違った、ここまでとは思っていなかったというよう

な面があったかとは思うのですが、1年目としては、どのような教訓が得られたのでしょうか。

喜島　とにかく、日々是《これ》改善。きちんとご意見を聞き、片っ端から改善していく、これしかないです。根本的に改善するという姿勢で、取り組んでいくというところです。

おかげさまで、お正月明けに、ある保護者の方が言われたのですが、「2学期が終わって、冬休みに息子が帰ってきて、本当にたくましくなっていて驚いた。夏休みの時と比べて、本当にしっかりとしてきた」と。

その保護者の方からも、けっこういろいろな心配もされ、クレームをいただいたこともあったのですが、「言われたことを全部、片っ端から改善していくという学園の姿勢が、本当に良かったと思う」と言われ、私も胸をなでおろしました。

今後も、日々改善を重ねていきたいと考えています。

校長としての原点にあるもの

――ところで、喜島校長自身、もともと教職者ではありません。今でこそ、民間から校長先生になるという方がけっこういますが、その部分での苦労や、不安などはなかったのでしょうか？

喜島　学校一つ、ゼロから立ち上げるというのは、本当に大変なことだということが、心底、分かりました。特にこの1年は、本当に体力勝負で、何度も、「もう死ぬのではないか」と思いましたね（笑）。何とか倒れずに済みましたが。

――以前、校長は学生向けの月刊誌「ヤング・ブッダ」の編集もなさっていましたが、そのターゲットも、中・高・大ということで、学園と非常に重なりますね。中学生や高校生の実際のニーズや悩みというものはどのようなものなのでしょうか。

喜島　実は、一番大きなものは劣等感なんです。自分もそうでしたが、この世代は、「まだ何者でもない自分」というものを強く意識して生きています。

そして、一般的に、小学校の時までは勉強にしてもそれほど周りと比べられることもなく、普通に良い子であればよかったわけです。しかし、中学校に入って、いきなり成績による序列というものがつけられる。そして、それによって半分の人間が平均以下になるわけですね。

それまで良い子良い子で来ていた、成績についても普通だと思っていた子たちが自分は平均以下だったということに直面させられます。あるいは平均以上の子であっても上位に入れないという現実に直面します。幸福の科学学園の場合は特にα《アルファ》、β《ベータ》、γ《ガンマ》というふうに、習熟度別授業をしていますが、そうした序列化というものに対して非常に敏感になっていきます。そして劣等感も持ちます。

次に子供たちが考えるのは、じゃあ勉強以外に何か自分に取りえはないだろうかということです。運動が得意な子は運動に、ダンスが得意な子はダンスに、ゲームでは負けないという子や、また、おしゃれや恋愛のほうに走ったりということもあります。そのように、何かしら他の得意なものや勉強以外の分野で人目を引くもので自分の自尊心を満たそうとするのですが、ただ、大多数の子は、そこでもとりたてて大きな強み、取りえを発見できずに、劣等感を持ちます。そのように、その劣等感の埋めどころというのが、他者からの評価だという場合には、結局、それが埋められず、悶々《もんもん》と劣等感に悩む中高生時代を送ることが多いのです。

しかし、幸福の科学学園は、幸福の科学の教えをベースにしていますから、信仰を深め、仏の子として、自分は自分のスピードで仏に近づきつつあるのだということをつかみ、「こんな自分であっても、無限に仏から愛されている」という、最大の幸福を知ることで、自分を満たすことが出来ます。そして、努力する幸福を感じながら、精進《しょうじん》を続けることによって、劣等感に押しつぶされることなく、成長のプロセスを歩んでいけるのです。そのことを、宗教科でもよく教えるようにしています。

――生徒さんから「宗教の授業の、劣等感の対策が非常にありがたい」という話がありました。

喜島　私自身、以前は、広告代理店にいました。広告は、まず何がニーズなのか、これを徹底的にマーケティングするところから始まります。一方的に言いたいことを言う、伝えるということではなくて、聞きたいことは何かと、マーケティングしてそれにこたえていくことを大切にしたいと思います。

それと同時に、勉強が出来る人になるには、宗教的理念の部分を学ぶだけでは不十分ですので、具体的な技術の部分を紹介しました。例えば、生徒から誰の勉強法を聞きたいかということをヒアリングして、成績優秀者の勉強の仕方を紹介する。「誰々さんと同じやり方に変えたら成績が伸びました」と、実際に効果も出ていて、多くの子が非常に参考になったと言ってくれました。そうした、実際、役に立つ宗教科というものも目指しています。

――ただ、生徒の目線に立つということは、なかなか難しいことだと思います。

喜島　本当に1世代下になりますので、自分の文化の延長ではもうとらえられないですね。文化的には、断絶しているものがあります。ですから、実際に彼らの中に入っていって話をし、何に興味があるのかをヒアリングしたりしました。例えば、一番受けているのが「AKB48」だということを聞いたら「AKB48」の研究をしましたし、同じように「嵐」も見ました。また、若者の文化を知るために、『涼宮《すずみや》ハルヒの憂鬱《ゆううつ》』を全話見たりして、朝礼講話に挿入歌の〝God Knows〟の話を織り交ぜたりもしました。

――なるほど（笑）。校長は東大生らしくないと言われることも多いそうですが、東大に行きながら創造性を潰《つぶ》さないポイントは何でしょうか。

喜島　いや、文学部というのは、創造性は全然潰されない場所なんですね（笑）。映画か演劇の方面に進もうと思っていましたから、ずっと脚本を書いたり、自主製作映画を創っていました。その頃、『ぴあフィルムフェスティバル』の賞をいただいたこともあります。

ただ、受験勉強の時は、はっきり言って私は、〝馬鹿《ばか》〟になって勉強しようと思っていました。もともと作家など創造的な仕事をやりたいという夢は、中学生の頃からあって、そのための場所を得るということが大学受験の目的で、そのための手段、方法論が受験勉強だという考え方でした。ただ、それは仏法真理を知らなかったから、そう考えただけで、心の中には大きな虚しさを感じていました。仏法真理を知っていれば、単なる自己実現ではなく、多くの人の幸福のために自分は今頑張っているんだと思えたはずで、心の充実感が全く違っていたと思います。その意味で、今の学園生は幸福ですね。

――そうですか。喜島校長は、どのような姿を理想の校長像として描いているのでしょうか。

喜島　校長としてのあるべき姿ですが、私自身は、以前、広告業界にいたということもあって、非常に、柔らかい人間だと思っています。

ただ、校長という役職に求められるロールのところがあって、思った以上に、堅く振《ふ》る舞《ま》わざるを得ないところがあります。自由闊達《かったつ》な人間なんですが、やはり、厳しくしなければいけないところは、厳しくしなければいけませんので、思った以上に、生徒からまじめ人間に思われています。最終的には、自由なところと、厳しくあるべきところは厳しくする部分、つまり、自由と規律のバランスが取れ、さらに、宗教家としての、精進の姿勢というところと、愛の部分を含めた柔らかさというところのバランスの取れた校長像に近づいていけたらなあと思っています。

――役割上、堅く振《ふ》る舞《ま》っているが、本意ではないと。

喜島　もう少しこなれてきて、生徒たちもレベルが上がってきたら、もう少し柔らかめでやりたいなと思っています。

――生徒たちは、別に堅いと思っていないようでしたよ。

喜島　話している内容は堅いのですが、パワーポイントを使って話をしたり、先ほどのような話もしているからでしょうかね。

宗教校としての使命を果たす

地域の皆様に支えられて

――まもなく開校から1年が経過しようとしていますが、何か感慨のようなものがありますでしょうか。

喜島　新設校の2年目というのは、応募者を集めるのが大変だと言われているそうですが、おかげさまで、結果的に、昨年並の受験のご応募がありました。もちろん期待をこめてという部分もあるかと思いますが、夏からこの冬にかけての2学期の成果というものに、一定の評価をしていただけたのではないかなと思っています。

そういう中で、ありがたいことに、信者子弟以外の方からの受験も、すでに始まっています。昨年も問い合わせはあったのですが、実際の受験者はいませんでした。しかし本年は、問い合わせだけではなく、実際に当学園の入学試験を受けた方が出てきており、私どもとしても、大変ありがたいことだなと思っています。

「徳ある英才」の輩出を目指して、理想の教育を追求していますが、具体的な成果として、当然ながら学業成績の向上というのは、学校として外すことが出来ないものであると考えています。この学業と、文武両道の部分、つまり、部活動での活躍と、創造性教育の部分での成果というところですね、この三つについて、学業の部分が安定してきたことによって、かなりバランスが取れてきたのではないかなと考えています。

――なるほど。地域の皆様とのご関係はいかがですか。

喜島　地域の皆様に愛される学園になっていくことは、校長である自分のミッションだと思っています。高原の田園地帯に学校がありますので、やはり、人間対人間のおつき合いをしたいと思い、私も、ご近所のお宅を訪ねて、縁側に座って、あるいは中に入らせていただいて、お話をすることがよくあります。個人的にもよくしていただいていまして、ご近所を回りますと、野菜をいろいろいただいたり、お米をいただいたりということもあって、本当にありがたいなぁと思っています。

文化祭では、生徒が、ご近所の皆様方のお宅に伺い、文化祭にご招待して、50人ぐらいの皆様にお越しいただきましたし、中には、文化祭へ出展してくださったところもありました。例えば、鮎《あゆ》の塩焼きを出展していただきました。とても良い鮎を、本当に安い値段で出してくださり、大好評でした。また、ご近所に手打ちそばのお店があるのですが、非常に人気店ですので、そば自体がなかなか手に入りにくい中で、そのそばを200食出展していただいて、学園で手打ちそばを出したり。あるいはご近所の農家の方に、テレビ番組にも出品するような、とてもレベルの高い、那須のブランド野菜を出展いただきました。

そのように、文化祭の機会を通じて、近隣の皆様との親睦《しんぼく》を大いに深めることが出来たと喜んでいます。

また、近所の施設のテニスコートを、テニス部で使わせていただいています。そこにあるレストランが、ご近所の皆様の一つの社交の場になっているのですが、そこに集まっている皆さんが、練習しているテニス部員の姿を見て、「応援してやろうじゃないか」と、コートを整備してくださったり、ナイター設備の整備をしてくださったりと、多大なご尽力をくださいました。コートも非常に安い値段で貸してくださっており、本当に感謝しています。

先日、「芭蕉の里くろばねマラソン大会」に、1500人の参加者中、71人が学園から参加して、学校としては二番目に大きな規模の参加となりました。そこで、高校男女の10位までの入賞者の中に、学園から合計で5名が入りました。ボードに貼り出された入賞者を、地元の皆さんも見て、「幸福の科学学園、こんなに入っているんだ」と、感心されていましたが、そういった地域の催しにも参加して、実際の学園の生徒や教職員の顔を見て、話をさせていただいて、いま、抵抗なくおつき合いしてくださっているのではないかと思います。今後とも地元地域への貢献や交流に力を入れていきたいですね。

各界の世界のリーダーを輩出する

――それでは、今後のお話をお伺いしたいと思います。具体的な話なのですが、「自修館」という施設をつくられると伺いました。どのようなものなのでしょうか。

喜島　自学自修、修行はやらされるのではなく、自ら主体的にやるものだという意味での自修館です。これは、計画段階では、何度も私からはつくろうということは言っていたのですが、予算の関係もあって、出来なかったものです。

中高生全員が一緒に勉強出来る、自習スペースとなります。特に高校生向けには、予備校にあるような、ブース型の自習机を用意する予定です。

全員が一堂に集まる場所ですが、男子寮側から入れる男子用自習スペースと、女子寮側から入れる女子用自習スペースとに分かれており、番台と言っては変なんですが（笑）、男子スペースと女子スペースの間のところに、ガラスで防音された、生徒が先生に質問できるようなスペースをつくります。先生は、ガラス越しにみんなを見ながら、その防音スペースの中で、男女両方の質問に答えるような形になります。全体への指導が行き届くようにしながら、かつ質問に答えられる形のものをつくります。

自修館は、今年から建設をすすめ、３年目の新入生が入ってきた時に使えるような形になる予定です。

――最後に、この那須本校から、どのような生徒を送り出していきたいのか、お聞かせください。

喜島　それは、やはり世界のリーダーとなるような「徳ある英才」ですし、「ノーブレス・オブリージ」、すなわち、高貴なる義務を果たす、そうした志を持った人間を育てたいということです。学業面でも優秀で、肉体的にも健康で、リーダーシップとチームワークが取れ、そして各分野においてトップクラスの活躍をするような人間です。宗教心を持って、徳も高く、学力もあって、仕事も出来る人間ですね。そうした、各界のリーダーとなって、世界中の人を幸福にしていくような人物を輩出していきたいと思っています。

宗教的な言い方になりますが、それは、天使、菩薩を育てるということです。それが、幸福の科学学園の使命であり、宗教校としての使命だと思います。

その天使、菩薩を育てるためにどうしたらよいかということですが、まず、愛です。愛深いこと。そして、知、知性の高みが必要です。ただ学業の成績が良いだけではなく、いろいろな知識を、人類が直面する各分野のさまざまな課題に応用し、その分野の限界をブレークスルーして新たな価値を創造していける人材です。そうした知的応用力の高い人材を育てていきたい。同時に、悟りの高い人材です。知識のみならず、自らの心を深く見つめることが出来て、反省が出来る人間です。そして、さまざまな分野を実際に発展させ、日本や世界を発展に導くことが出来る人材です。

こういう幸福の科学学園の理念であり、幸福の科学の理念であるところの、「愛・知・反省・発展」という「四正道《よんしょうどう》」、これらのバランスが取れ、それぞれを最高度に修めていける器を、育てていきたいと思っています。

——本日は、お忙しい中、ありがとうございました。

あとがき

いま、日本は、さまざまな政治的な困難、国難を迎えています。その国難を、10年以内に打破し、2020年以降、日本にゴールデンエイジ（黄金時代）をもたらすべく、幸福の科学グループは、さまざまな活動を展開しています。

その2020年は、今の中学1年生が大学を卒業する年でもあります。それから後は、学園の卒業生が、社会のそれぞれの分野で未来を創っていくことになります。幸福の科学学園もまた、その夢の未来を創るために、いま、活動を開始したところです。

今の日本の子供たちは、大変な混乱の中にあります。学力低下、いじめ、学級崩壊。これらはみな、日本の教育界に、信仰心、宗教的真理というものが、根本的に欠けているからにほかなりません。

本書の中でも繰り返し出てきたように、幸福の科学学園においては、①日本の教育界から忘れられている宗教教育をしっかり行い、徳ある英才を創り出す、②塾に頼らなくても学力のつく学校を実現する、③創造性の教育により企業家精神を養成する、の3点を柱に、「高貴なる義務」を果たす真のエリートを輩出することを目指しています。

「信仰と教育を融合させた未来型人間を創る」――この幸福の科学学園の教育こそ、日本の、いや世界の未来を創る「未来創造教育」であると私たちは信じています。

そして、この教育を一人でも多くの子供たちに授けたいと願い、2013年春、滋賀県大津市の風光明媚な琵琶湖畔に、関西校を設立すべく準備を進めております。

さらに2016年には、千葉県に幸福の科学大学を設立する予定です。

理想の教育をもとめての挑戦は、まだまだ始まったばかりです。

多くの方が、この幸福の科学学園の教育の真意を汲み取り、応援してくださることを願ってやみません。

2011年2月7日

学校法人　幸福の科学学園

理事長　泉聡彦

（学校設置認可申請予定）

幸福の科学学園 関西校は琵琶湖のような広い心美しい心を育てます。

写真は、1年前に開校した栃木県・那須本校の生徒。

滋賀県大津市仰木の里に 2013年開校予定

このたび、学校法人幸福の科学学園は、栃木県の幸福の科学学園中学校・高等学校（那須本校）に続いて、滋賀県大津市仰木《おうぎ》の里《さと》に、関西校の建設を計画しております。

滋賀県は、日本最大の湖である琵琶湖や比叡《ひえい》山《ざん》・比良山《ひらさん》などの山々に囲まれ、生徒の情操教育や環境教育にも最適の場所です。

また、滋賀県は近畿圏・中部圏・北陸圏を結ぶ位置にあり、近江商人を生んだ非常に進取の気質に富んだ場所であり、この地でこそ、企業家精神を持った仕事のできる人材を育てることが可能だと考えております。

さらに、近くの和邇浜《わにはま》には、宗教法人幸福の科学の精舎《しょうじゃ》である琵琶湖正心館《しょうしんかん》もあり、すでに十年以上にわたって地域の皆様と交流を深めさせていただいております。

ぜひ、この地において、理想の教育の実現に挑戦し、本学園から、日本と世界を支えるリーダーを数多く輩出していきたいと強く願っております。

関西校の計画概要(案)

学校法人 幸福の科学学園は、
「幸福の科学学園 関西校」の2013年4月開校を目指して準備を進めております。

【設置の目的】

理想の教育を実現し、信仰心を持ちながら仕事のできる人材を輩出し、未来の日本や世界に責任感を持つ人材を育てていく学校を創ります。


【教育の特色】

宗教教育や企業家教育を通して、学力だけでなく徳力を備えた仕事のできる人材を育てる教育を目指します。


【名称】

「幸福の科学学園関西中学校・高等学校」(仮称)

【学校規模(予定)】
全校生徒数 510名(男女共学) ※一部通学生を想定。
中学 1学年70名(2クラス)×3学年 計210名
高校 1学年100名(3クラス)×3学年 計300名
※高校には特進クラスを設置。

【ロケーション】

計画地は、滋賀県大津市仰木の里東二丁目十六番他。敷地面積は約79千㎡。最寄駅のJR湖西線「おごと温泉」駅から徒歩10分。


【主な施設】

校舎棟(地下2階、地上2階、塔屋1階、鉄筋コンクリート造、延約12千㎡(予定))、学生寄宿舎(地上4階、塔屋1階、鉄筋コンクリート造、延約11千㎡(予定))。

1. 徳力ある人材を育てます

宗教教育によって、神仏を尊ぶ心を培《つちか》い、善悪の価値判断のできる人材、感謝報恩の心を持った、高貴なる義務を果たす人材を育てます。

2. 高い学力のある人材を育てます

将来の仕事能力の基礎となる学力を徹底的に鍛え、自らの人生を切り拓き、日本と世界の発展に貢献できる人材を育てます。

3. 創造力のある人材を育てます

いかなる時も、「できない理由」を考えるのではなく、「どうしたらできるのか」を考えて道を切り拓き、世の中に新しい価値を生み出せる人材を育てます。

幸福の科学学園 関西校は、学力と徳力を兼ね備えた、社会に役立つ人材を育てます。

校長がお答えします！ 幸福の科学学園関西校 Q&A

Q 宗教教育はどのようなものですか？

A 他の宗教系の私立学校と同様、神仏を尊ぶ心を教える教育を中心に据《す》えます。

一般的に、宗教教育には、宗教に関する知識を学ぶ宗教知識教育と、感謝や報恩・奉仕の心、畏敬《いけい》の心などを培《つちか》う宗教的情操教育と、特定の宗教の教えや儀式に基づいて行う宗派教育の3種類があり、他の宗教系の私立学校と同様、本校でも幸福の科学の教えに基づいてこれらすべての教育を行ないます。

幸福の科学の教えについては、書籍や布教誌、支部や精舎《しょうじゃ》（研修施設）等で公開されております。宗教教育こそ、いじめや自殺の真なる防波堤だと考えております。

信者だけでなく、一般にも門戸を開きます。

Q 寮生活はどのようなものですか？

A 那須本校は全寮制ですが、関西校は一部通学生を認める予定です。

寮は大きな家族です。親元を離れ仲間とともに集団生活を過ごす過程で、自立心やリーダーシップを育《はぐく》んでまいります。

また、寮生は夕食以降が夜学習となります。夜学習は、特に英語や数学に力を入れ、塾に頼らなくてよい学校を目指します。

幸福の科学学園関西校・校長（予定）

冨岡無空《とみおかむくう》

1963年京都府生まれ。洛南高校を経て東京大学経済学部卒業。1990年幸福の科学入局。

Q 地域との関係はどのようなものになりますか？

A 那須本校では、地域の皆様のご厚意によりさまざまな交流の機会をお与えいただいております。

関西校におきましても、防災活動等の連携のみならず、地産地消《ちさんちしょう》を考慮した食堂運営や、体育祭や文化祭等の公開、地元行事への参加など、皆様がたのお知恵やお力をお借りして、未来を担《にな》う中高生の教育に尽力させて頂ければ幸いに存じます。

敷地位置図

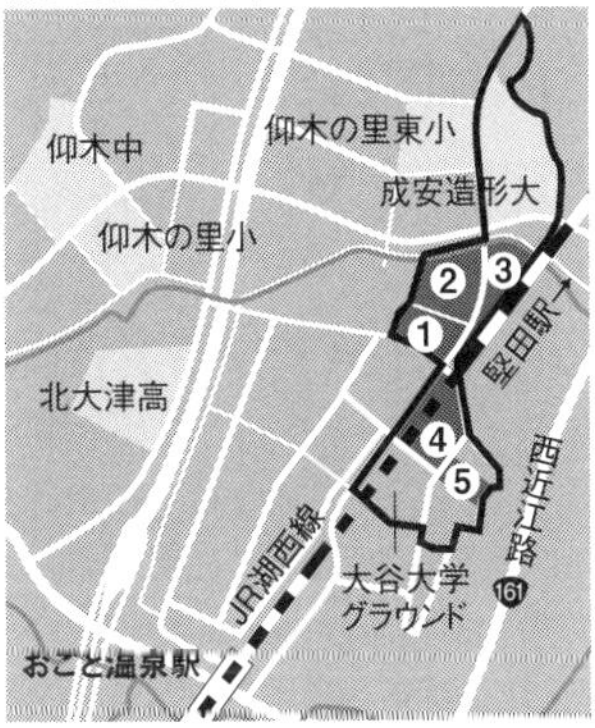

敷地：仰木地区地区計画業務・公益地区（太枠）内の一部（①〜⑤）。

総面積 約79千㎡：①校舎棟用地 約14千㎡ ②寄宿舎用地 約23千㎡寄宿舎 ③駐車場用地 約15千㎡ ④グラウンド用地 約24千㎡ ⑤運動場用地（予定） 約3千㎡

完成イメージ（2011年1月作成）

幸福の科学グループのご案内

宗教、教育、政治、出版などの活動を通じて、地球的ユートピアの実現を目指しています。

宗教法人　幸福の科学

1986年に立宗。1991年に宗教法人格を取得。信仰の対象は、地球系霊団の最高大霊、主エル・カンターレ。世界約80カ国に信者を持ち、全人類救済という尊い使命のもと、信者は、「愛」と「悟り」と「ユートピア建設」の教えの実践、伝道に励んでいます。

（2011年1月現在）

愛

幸福の科学の「愛」とは、与える愛です。これは、仏教の慈悲や布施の精神と同じことです。信者は、仏法真理をお伝えすることを通して、多くの方に幸福な人生を送っていただくための活動に励んでいます。

悟り

「悟り」とは、自らが仏の子であることを知るということです。教学《きょうがく》や精神統一によって心を磨き、智慧《ちえ》を得て悩みを解決すると共に、天使・菩薩の境地を目指し、より多くの人を救える力を身につけていきます。

ユートピア建設

私たち人間は、地上に理想世界を建設するという尊い使命を持って生まれてきています。社会の悪を押しとどめ、善を推し進めるために、信者はさまざまな活動に積極的に参加しています。

国内外の世界で貧困や災害、心の病で苦しんでいる人々に対しては、現地メンバーや支援団体と連携して、物心両面に渡り、あらゆる手段で手を差し伸べています。

年間３万人を超える自殺者を減らすため、全国各地で街頭キャンペーンを展開しています。

ホームページ
http://www.withyou-hs.net/

ヘレン・ケラーを理想として活動する、ハンディキャップを持つ方とボランティアの会です。視聴覚障害者、肢体不自由な方々に仏法真理を学んでいただくための、さまざまなサポートをしています。

ホームページ
http://www.helen-hs.net/

INFORMATION

お近くの精舎・支部・拠点など、お問い合わせは、こちらまで！

幸福の科学サービスセンター

TEL. 03-5793-1727 (受付時間 火～金：10～20時／土・日：10～18時)

ホームページ **http://www.happy-science.jp/**

教育

学校法人・幸福の科学学園のほかにも、信仰教育を基礎にした仏法真理塾や幼児教育機関の運営、不登校支援、いじめ防止のNPO活動支援と、仏法真理に基づいた幅広い教育活動を行っています。

仏法真理塾「サクセスNo.1」

小・中・高校生が、信仰教育を基礎にしながら、「勉強も『心の修行』」と考えて学んでいます。2011年1月現在、東京、名古屋、大阪、神戸、京滋、西東京、福岡、札幌の本校をはじめ、日本全国の約70カ所に、支部校があり、各人の能力に合わせた学力の充実にも力を注いでいます。

TEL 03-5750-0747（東京本校）
FAX 03-5750-0737　メール info@success.irh.jp

不登校児支援スクール「ネバー・マインド」

心の面からのアプローチを重視して、不登校の子供たちを支援しています。「ネバー・マインド（気にしなくていい）」の精神を通じて、多くの子供たちが明るく元気になり、再登校や、夢に向けての一歩につながっています。ぜひ、お気軽にご相談ください。

TEL 03-3787-6187　FAX 03-3787-7847
メール nevermind@kofuku-no-kagaku.or.jp

エンゼルプランV

幼少時からの心の教育を大切にして、信仰をベースにした幼児教育を行っています。また、子育てに関するお母様がたの情報共有・交流の場でもあります。

TEL 03-5750-0757　FAX 03-5750-0767
メール angel-plan-v@kofuku-no-kagaku.or.jp

NPO 活動支援

学校からのいじめ追放を目指し、さまざまな社会提言をしています。また、各地でのシンポジウムや学校への啓発ポスター掲示等に取り組むNPO「いじめから子供を守ろう！ネットワーク」を支援しています。

相談窓口 TEL.03-5719-2170

ブログ http://mamoro.blog86.fc2.com/　ホームページ http://mamoro.org

政治

幸福実現党

内《ない》憂《ゆう》外《がい》患《かん》の国難に立ち向かうべく、2009年5月に幸福実現党を立党しました。創立者である大川隆法党名誉総裁の精神的指導のもと、宗教だけでは解決できない問題に取り組み、幸福を具体化するための力になっています。

党員の機関紙
「幸福実現News」

TEL 03-3535-3777
ホームページ
http://www.hr-party.jp/

出版メディア事業

幸福の科学出版

大川隆法総裁の仏法真理の書を中心に、ビジネス、自己啓発、小説など、さまざまなジャンルの書籍・雑誌を出版しています。他にも、映画事業、文学・学術発展のための振興事業、テレビ・ラジオ番組の提供など、幸福の科学文化を広げる事業を行っています。

TEL 03-6384-3777
ホームページ
http://www.irhpress.co.jp/

募金趣意書

幸福の科学学園事業へのご支援のお願い

学校法人幸福の科学学園は、2009年12月に創立され、さる12月7日、無事1周年を迎えることができました。

幸福の科学学園においては、信仰心、勇気と創造性あふれ、「高貴なる義務」を果たす真のエリートを、これからも続々と輩出してまいります。

この新たなる未来創造教育こそ、来るべき時代の教育改革のモデルであると確信し、理想の教育実現のために、私以下、教職員、全身全霊を傾けてまいります。

この教育維新を実現するため、学校法人への寄附制度「ゴールデンエイジ創造資金」の募金事業を実施いたしております。ご寄附には、個人・法人いずれも税控除の優遇税制があるほか、本学園よりさまざまな特典をご用意しております。現在、関西校の建立、また那須本校の「自修館」の建設など、幸福の科学学園の教育環境のさらなる向上を計画しております。どうか本制度の趣旨をご理解の上、是非とも引き続き幸福の科学学園をご支援いただき、「未来の大鷲」を共に育てていただけますよう、お願い申し上げます。

2011年 2月7日
学校法人幸福の科学学園
理事長　泉 聡彦

ゴールデンエイジ創造資金

単発型寄附 関西校設立祈念寄附　単発型寄附 那須本校支援寄附　継続型寄附 幸福の科学学園サポーターズ倶楽部

【募金名称】　「ゴールデンエイジ創造資金」募金(継続型寄附・単発型寄附)

【募金目的】　学校法人幸福の科学学園が設置する学校の施設設備の拡充及び教育研究の維持向上に要する資金

【募金対象】　本制度の趣旨にご賛同いただける個人および団体、法人

【サポーターズ倶楽部 会員基準】　毎月1,000円以上(毎年12,000円以上)の寄附金を継続して拠出することを確約していただいた個人

■お申し込み方法

1)預金口座自動振替[継続型]

専用の「幸福の科学学園サポーターズ倶楽部自動振替申込書」に必要事項をご記入の上、次頁のゴールデンエイジ創造資金募金窓口(東京)までご返送ください(用紙は幸福の科学学園ホームページからダウンロードいただけます)。

2)クレジットカード決済[継続型・単発型]　幸福の科学学園 寄附 で検索できます

幸福の科学学園ホームページからお申込みいただけます。

3)銀行窓口でお振込[単発型]

専用の用紙をお送りしますので、次頁のゴールデンエイジ創造資金募金窓口(東京)までご連絡ください。

幸福の科学学園サポーターズ倶楽部(継続型寄附)とは

寄附金がご指定の口座もしくはクレジットカードから毎回自動的に振替・決済されるもので、金融機関窓口に出向くことなくご利用いただけます。預金口座自動振替の場合、毎月10,000円未満の方は年2回(7月と12月)にそれぞれ6ヵ月分を振替いたします。毎月10,000円以上の方は、年2回(7月、12月)の6ヵ月分を振替いただくか、または、毎月1回の振替を選択いただけます。クレジットカード決済の場合は、毎月1回の決済となります。

■寄附金に関する減免税措置

○個人からのご寄附の場合

この寄附金は、特定公益増進法人への特定寄附金となり、確定申告の手続きにより所得税の控除を受けることができます。寄附金総額から２千円を差し引いた金額（ただし年間総所得額等の40%が限度）が所得額から控除されます。確定申告の際必要となる「特定公益増進法人証明書」（写）および「領収証」は、年１回２月中旬までに前年１～12ヶ月分をまとめてお送りいたします。

減税額の目安

課税総所得金額	税率
1,000円～　1,949,000円	5%
1,950,000円～　3,299,000円	10%
3,300,000円～　6,949,000円	20%
6,950,000円～　8,999,000円	23%
9,000,000円～ 17,999,000円	33%
1,800万円 以上	40%

※計算例　課税総所得金額が650万円の方が、10万円の寄附をされた場合の減税額
（100,000－2,000）×20／100＝19,600円

○法人からのご寄附の場合（受配者指定寄付）

個人からのご寄附の場合と控除額が異なります（全額損金算入可能）ので、ご寄附をお考えの方は、幸福の科学学園ゴールデンエイジ創造資金募金窓口までご連絡ください。

ご寄附に伴う個人情報の取り扱いについて

ご寄附により取得した個人情報につきましては、ご寄附者の顕彰、本学園からの特典送付に関する業務のほか、本学園から寄附者にご連絡がある場合にのみ利用します。

特典の詳細はホームページをご覧ください。

学校法人 幸福の科学学園
〒329-3434　栃木県那須郡那須町梁瀬 487-1

ゴールデンエイジ創造資金募金窓口
〒141-0022　東京都品川区東五反田 1-2-38
TEL：03-5793-1756　FAX：03-5793-1936
E-mail：gakuen@kofuku-no-kagaku.or.jp
HP：www.happy-science.ac.jp/

高貴なる義務を果たせ

―― 幸福の科学学園の未来創造教育

2011年3月7日　初版第1刷

編　者　学校法人　幸福の科学学園

発行者　九鬼　一

発行所　幸福の科学出版株式会社
〒142-0041 東京都品川区戸越1丁目6番7号
TEL (03)6384-3777
http://www.irhpress.co.jp/

印刷・製本　中央精版印刷株式会社
落丁・乱丁本はおとりかえいたします

ISBN978-4-86395-102-0　C0037

photo：©Kaihsu／©Daniel Schwen

大川隆法 最新刊・法シリーズ

教育の法

法シリーズ
最新刊

信仰と実学の間で

深刻ないじめの問題の実態と解決法や、尊敬される教師の条件、親が信頼できる学校のあり方など、教育を再生させる方法が示される。日本の教育に疑問を持つ、すべての人々に捧げる一冊。

第1章　教育再生
第2章　いじめ問題解決のために
第3章　宗教的教育の目指すもの
第4章　教育の理想について
第5章　信仰と教育について

1,800円

救世の法

法シリーズ
16作目

信仰と未来社会

信仰を持つことの功徳や、民族・宗教対立を終わらせる考え方など、人類への希望が示される。地球神の説くほんとうの「救い」とは――。あなたと世界の未来がここにある。

第1章　宗教のすすめ
第2章　導きの光について
第3章　豊かな心を形成する
第4章　宗教国家の条件
第5章　信仰と未来社会
第6章　フォーキャスト（Forecast）

1,800円

※表示価格は本体価格（税別）です。